Mike Vogler / Mirko Kühn

Auf der Jagd nach dem Bernsteinzimmer

Das Geheimnis im Leinawald

Brandenburgisches Verlagshaus

IMPRESSUM

Brandenburgisches Verlagshaus
Math. Lempertz GmbH
Hauptstr. 354
53639 Königswinter
Tel.: 02223-900036
Fax: 02223-900038
info@edition-lempertz.de
www.edition-lempertz.de

1. Auflage – Dezember 2018

Printed and bound in Germany
ISBN: 978-3-96058-255-7

Text: Mike Vogler, Mirko Kühn
Umschlaggestaltung: Ralph Handmann
Satz: Hilga Pauli
Lektorat: Dr. Thomas Müller, Eva Weigelt
Titelbild: bpk / Klaus Goldmann

Bildnachweis: Seite 140

Mike Vogler

Mike Vogler wurde 1970 in Dresden geboren und lebt heute mit seiner Frau im Stadtteil Dresden-Klotzsche. Schon seit früher Jugend beschäftigt sich Mike Vogler mit geschichtlichen und grenzwissenschaftlichen Themen. Neben dem Heiligen Gral sind Geschichte und Mythologie unserer germanischen Vorfahren seine bevorzugten Forschungsgebiete. Ergebnisse dieser Forschung waren das Erscheinen der Bücher „Mysterium Heiliger Gral" (2010) sowie „Hexen, Teufel und Germanen" (2012). In der Folgezeit wandte sich der Autor verstärkt der historischen Erforschung von Mythen und Legenden zu, die in „Düstere Legenden" (2014) und „Legenden des Grauens" (2018) beschrieben wurden. Neben seiner Arbeit als Verlagsautor veröffentlicht Mike Vogler auch Bücher in Eigenregie, ist an verschiedenen Anthologien zu den Geheimnissen der Menschheitsgeschichte beteiligt und schreibt Artikel für Fachmagazine. Besuchen Sie den Autor auf seiner Webseite **mike-vogler.bplaced.de**

Mirko Kühn

Heimatforscher und Co-Autor Mirko Kühn, geboren 1978, beschäftigt sich seit vielen Jahren mit den Geheimnissen, die sich um den Leinawald ranken. Gemeinsam mit enthusiastischen Mitstreitern und verschiedenen Experten versucht er, die im Leinawald verborgene Bunkeranlage ausfindig zu machen.

Weitere Informationen zur Forschungsarbeit von Mirko Kühn finden Sie auf seiner Webseite **leinawald-doku.de**

INHALT

Einleitung ... 6

TEIL I

Beutekunst im Dritten Reich ... 7
- Einführung ... 7
- Privatsammler Hitler ... 8
- Der „Führervorbehalt“ ... 10
- Sonderauftrag Linz“ – das „Führermuseum“ ... 12

Kunstraub in Polen ... 16
Kunstraub in der Tschechoslowakei ... 18
Kunstraub in der UdSSR ... 19
Kunstraub in Frankreich ... 20
Gurlitt – Das Gesicht des NS-Kunstraubs ... 24
Das Bernsteinzimmer ... 42
- Das „achte Weltwunder“ ... 42

„Die Deutschen kommen!“ – Der Raub des Bernsteinzimmers durch die Wehrmacht ... 46
Auf der Jagd nach dem Bernsteinzimmer ... 54
- Paul Enke und die „Operation Puschkin“ ... 54
- Dietmar B. Reimann und der Poppenwald ... 61
- Heinz-Peter Haustein und der Fortuna-Stollen in Deutschneudorf ... 75

TEIL II

Die Gemeinde Nobitz und der Leinawald ... 87
- Die Gemeinde Nobitz ... 87
- Der Leinawald ... 88
- Der Flugplatz Altenburg-Nobitz ... 88

Der Leinawald im Dritten Reich ... 91
Der Leinawald nach 1945 ... 100
- Die Rote Armee und das Ministerium für Staatssicherheit (MfS) im Leinawald ... 100
- Ein geheimnisvoller Besucher ... 104
- Ein amerikanischer Schatzjäger im Leinawald ... 107

Die Leinawald-Forschung heute ... 110
- Erkundungsarbeit über die unterirdische Anlage aus der NS-Zeit im Leinawald ... 111

TEIL III

Theorie I: Der Totentemper der Nazis ... 126
Theorie II: Das Schatzversteck des Dritten Reiches ... 131

Literatur- und Quellenverzeichnis ... 137
Endnoten ... 139
Bildnachweis ... 140

Die 2003 vollendete originalgetreue Nachbildung des Bernsteinzimmers im Katharinenpalast bei Sankt Petersburg.

Einleitung

Um an dieser Stelle gleich eins vorwegzunehmen: Die Autoren wollen sich in den folgenden Ausführungen nicht anmaßen, das Geheimnis um den Aufenthaltsort des legendären Bernsteinzimmers zu enthüllen. Vielmehr wurde der Titel des vorliegenden Buches gewählt, um die Bedeutung des unterirdischen Stollensystems im thüringischen Leinawald zu verdeutlichen. Dass diese Anlage tatsächlich existiert, wurde zweifelsfrei durch Zeugenaussagen und verschiedene Bodenmessungen festgestellt. Fraglich ist, was sich im Inneren des Stollensystems befindet. Die Vermutungen reichen von Militärtechnik des nahegelegenen Flugplatzes in Nobitz über Produktionsanlagen für die sogenannten Wunderwaffen des Dritten Reiches bis hin zu Nazi-Beutekunst, wozu eben das bis heute verschollene Bernsteinzimmer zählt. Anzumerken sei noch, dass die Autoren die Theorie der Beutekunst nach umfangreichen Recherchen als die wahrscheinlichste betrachten.

KAPITEL I

Beutekunst im „Dritten Reich“

Einführung

Der Raub von Kulturgütern im besetzten Europa gehört mit zu den größten Verbrechen, derer sich die deutschen Nationalsozialisten während ihrer zwölf Jahre andauernden Herrschaft schuldig machten. Wenn auch die systematische Plünderung von europäischen Kunstsammlungen im Vergleich zu den Schrecken des Zweiten Weltkrieges und den Verbrechen in den Konzentrationslagern auf den ersten Blick relativ unbedeutend wirkt, handelt es sich dennoch um einen wichtigen Teil der nationalsozialistischen Eroberungspolitik. Das Thema „Beutekunst im Dritten Reich“ ist derart umfassend, dass man damit problemlos ganze Bücherregale füllen könnte. Verständlicherweise wird daher im vorliegenden Werk nur in groben Zügen auf die Thematik eingegangen. Der interessierte Leser findet im Literaturverzeichnis aber verschiedene weiterführende Publikationen und Monographien, die sich umfassend mit dem Raub europäischer Kunstsammlungen durch die Nationalsozialisten befassen.

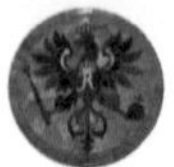

Privatsammler Hitler

Im bescheidenen Rahmen betätigte sich Adolf Hitler schon sehr früh als privater Kunstsammler. Dabei war speziell seine Gemäldesammlung besser als ihr Ruf. Hitlers vermeintlich kleinbürgerlicher Kunstgeschmack geht fälschlicherweise auf die Memoiren von Albert Speer zurück, in denen er Hitler eine Vorliebe für rührselige, geschmacklose Gemälde bescheinigte. In seiner viel beachteten Hitler-Biografie griff der Autor Joachim C. Fest dieses Fehlurteil auf, welches sich bis heute hartnäckig hält. Besucher in Hitlers privaten Gemächern in München und später auf dem Obersalzberg berichteten dagegen von eindrucksvollen Gemälden, darunter Werke des Malers Arnold Böckling, der seine besondere Wertschätzung genoss. Böckling war ein Schweizer Maler und Bildhauer, seine Arbeiten werden der Kunstströmung des Symbolismus zugerechnet. Er gilt bis heute als einer der bedeutendsten bildenden Künstler des 19. Jahrhunderts.

Wie fast alle Kunstsammler fing auch Hitler klein an. Seine ersten Erwerbungen waren kleinformatige Landschafts- und Genrebilder von wenig bekannten Münchner Künstlern. Wegweisend für den beginnenden Aufbau seiner privaten Sammlung war sein Freund und späterer Reichsbildberichterstatter Heinrich Hoffmann, den Hitler 1922 kennenlernte. Da sich Hoffmanns private Sammlung auf Landschafts-, Tier- und Genremalerei beschränkte, war es nicht verwunderlich, dass Hitler zunächst ebenfalls diese Richtung bevorzugte. Hoffmann war regelmäßig in den Münchner Galerien unterwegs und machte seinen Freund auf Objekte aufmerksam, die möglicherweise dessen Interesse wecken könnten.

Hitler begann Ende der 1920er Jahre, genauer gesagt: nach dem Bezug seiner 300 Quadratmeter großen Wohnung am Prinzregentenplatz in München, mit dem gezielten Sammeln von Werken bekannter Künstler. Durch den enormen Verkaufserfolg seines Buches „Mein Kampf“ war er in der Lage, das neue Domizil mit wertvollen Gemälden auszustatten. Mit seinem wachsenden politischen Einfluss wurde auch die großbürgerliche Gesellschaft Münchens auf Hitler aufmerksam und suchte dessen Nähe. In Hitlers wachsendem Freundes- und Bekanntenkreis

waren neben der Politik die Kunst und das Sammeln von Kunst die vorherrschenden Themen. Zu diesem illustren Kreis gehörte auch Ernst Hanfstaengl, Spross des Hanfstaengl-Kunstverlages, den Hitler lange Jahre zu seinen besten Freunden zählte. Obwohl Hanfstaengl einer der Wegbereiter des nationalsozialistischen Deutschlands und zeitweilig Auslands-Pressechef der NSDAP war, wandte er sich 1937 von Hitler ab und verließ Deutschland.

Ab 1935 beauftragte Hitler die Kunsthändlerin Maria Almas-Dietrich mit dem Erwerb von Gemälden für seine private Sammlung. Die Dame betrieb eine gutgehende Galerie in der Münchner Ottostraße, welche sich auf europäische Malerei des 15. bis 19. Jahrhunderts spezialisiert hatte. Den Kontakt zu Dietrich hatte Heinrich Hoffmann hergestellt. Da die Kunsthändlerin zudem mit Hitlers Lebensgefährtin Eva Braun befreundet war, fasste Hitler schnell Vertrauen zu ihr, obwohl Dietrich keine akademische Ausbildung genossen hatte und als Quereinsteigerin im Kunsthandel tätig war. Da Hitler selbst keine Kunstauktionen besuchte und mittlerweile für Galeriebesuche wenig Zeit hatte, studierte er die entsprechenden Kataloge und instruierte Dietrich, die dann die gewünschten Gemälde ersteigerte bzw. erwarb. Maria Almas-Dietrich verschaffte Hitler auch das Porträtgemälde „Nanna" von Anselm Feuerbach, einer der bedeutendsten deutschen Maler der zweiten Hälfte des 19. Jahrhunderts. Laut Aussage von Hitlers Sekretärinnen war „Nanna" dessen absolutes Lieblingsbild. Im August 1940 endete die bis dahin fruchtbare Geschäftsbeziehung zwischen Hitler und Dietrich. Hans Posse, der Sonderbeauftragte für das geplante „Führermuseum" in Linz, wo Hitler seinen Altersruhesitz plante, prüfte ein Kontingent von 325 Gemälden aus den Niederlanden, die Dietrich ihrem Kunden Hitler anbot. Die Bilder waren als Grundstock für das erwähnte Museum gedacht, erwiesen sich jedoch als nur mittelmäßige Werke unbekannter Maler, die sich bisher als unverkäuflich herausgestellt hatten. Hitler fühlte sich betrogen und stellte auf Anraten von Hans Posen die Geschäftsbeziehungen mit Maria Almas-Dietrich ein. Bis zu diesem Zeitpunkt hatte die Kunsthändlerin etwa 270 Bilder an Hitler verkauft. Für die künstlerische Ausstattung seines privaten Domizils auf dem Obersalzberg engagierte Hitler den Berliner Kunsthändler Karl Ha-

berstock. Dieser gehörte zu den führenden Kunsthändlern der Reichshauptstadt und war auf deutsche Kunst spezialisiert. Die beiden Männer hatten sich ebenfalls über Heinrich Hoffmann kennengelernt. Hitler schätzte Haberstock nicht nur als Lieferanten von Kunstwerken, sondern auch als Kenner der europäischen Gemäldesammlungen. Der Kunsthändler unterhielt beste Geschäftsverbindungen zu allen großen Museen in Europa. Haberstock gilt auch als Verfasser des Privatdruckes „Meisterwerke der Malerei AH". Hierbei handelt es sich um zwei monumentale Bände mit eingeklebten Fotografien von Hitlers privater Gemäldesammlung. Die hochwertig verarbeiteten Bildbände sind in rotes Leder gebunden und tragen das Signet von Hitler in Goldprägung. Jedes der Bilder ist mit einem ausführlichen Kommentar versehen, deren fachliche Kompetenz auf Karl Haberstock als Verfasser hindeutet. Eines der wenigen noch erhaltenen Exemplare der „Meisterwerke" befindet sich heute in der Bayerischen Staatsgemäldesammlung München.

Der „Führervorbehalt"

Mit dem sogenannten „Führervorbehalt" vom 18. Juni 1938 begann das wohl dunkelste Kapitel der europäischen Kunstgeschichte. Nach dem Anschluss Österreichs an das Deutsche Reich begann die systematische Beschlagnahme jüdischen Vermögens, die auch Wertgegenstände und Kunstwerke aus dem Besitz von Privatpersonen einschloss. Mit dem „Führervorbehalt" sollte die weitere Verwendung der beschlagnahmten Kunstgegenstände eindeutig geregelt werden.

Im Folgenden der detaillierte Wortlaut des von Dr. Hans Heinrich Lammers, damals „Reichsminister und Chef der Reichskanzlei", verfassten Schreibens:

„An den Herrn Reichsführer-SS und Chef der Deutschen Polizei im Reichsministerium des Innern
Berlin, den 18. Juni 1938 Geheim!
Betreff: Beschlagnahme staatsfeindlichen Vermögens in Österreich

Bei der Beschlagnahme staatsfeindlichen, im Besonderen auch jüdischen Vermögens in Österreich sind u. a. auch Bilder und sonstige Kunstwerke von hohem Wert beschlagnahmt worden. Der Führer wünscht, dass diese zum großen Teil aus jüdischen Händen stammenden Kunstwerke weder zur Ausstattung von Diensträumen der Behörden oder Dienstwohnungen leitender Beamten verwendet, noch von leitenden Persönlichkeiten des Staates und der Partei erworben werden. Der Führer beabsichtigt, nach Einziehung der beschlagnahmten Vermögensgegenstände die Entscheidung über ihre Verwendung persönlich zu treffen. Er erwägt dabei, Kunstwerke in erster Linie den kleineren Städten in Österreich für ihre Sammlungen zur Verfügung zu stellen.
Indem ich Ihnen hiervon Kenntnis gebe, bitte ich im Auftrag des Führers, die erforderlichen Anordnungen zu treffen, damit eine Verfügung über das in Österreich beschlagnahmte Vermögen bis auf weiteres unterbleibt. Ich wäre Ihnen ferner dankbar, wenn Sie bereits jetzt die erforderlichen Maßnahmen treffen würden, um dem Führer eine Übersicht über die beschlagnahmten Vermögenswerte zu ermöglichen, und mir über das Ergebnis Ihrer Feststellungen nähere Mitteilung machen würden.
Die Herren Reichsminister des Inneren, für Volksaufklärung und Propaganda und für Wissenschaft, Erziehung und Volksbildung sowie der Herr Reichskommissar für die Wiedervereinigung Österreichs mit dem Deutschen Reich und der Herr Reichsstatthalter in Österreich haben Abschriften dieses Schreibens erhalten.
gez. Dr. Lammers“[1]

Der zunächst nur für jüdisches Vermögen geltende „Führervorbehalt“ wurde am 24. Juli 1939 auf Kunstwerke erweitert, die auf Grund des österreichischen Denkmalschutzgesetztes sichergestellt wurden. Zudem waren nun auch die Kunstsammlungen der österreichischen Klöster und Stifte betroffen. Am 9. Oktober wurde der „Führervorbehalt“ mit einem Rundschreiben auf das gesamte Reichsgebiet ausgedehnt und schließlich am 18. November 1940 auf die bis zu diesem Zeitpunkt von der Wehrmacht besetzten Länder erweitert. Im Zuge des Russlandfeldzuges galten die Anweisungen ab dem 24. Juli 1941 auch für die besetzten sowjetischen Gebiete.

Wie im „Führervorbehalt“ explizit erwähnt, oblag es Reichskanzler Adolf Hitler, über die Verwendung der geraubten Kunstgegenstände persönlich zu entscheiden. In der Folgezeit entwickelte der verhinderte Künstler Hitler mit Hilfe seiner Schergen eine Sammelwut, die unstillbar schien. Hitler war die zentrale Figur des NS-Kunstraubes in den von der Wehrmacht besetzten Ländern. Er beeinflusst damit bis heute die europäische Kunstwelt! Für das in Linz geplante Museum durchforsteten speziell eingesetzte Kommissionen die Museen der besetzten Länder und beraubten diese ihrer einzigartigen Schätze.

„Sonderauftrag Linz“ – das „Führermuseum“

Zur oberösterreichischen Landeshauptstadt Linz hatte Hitler schon immer eine besondere Verbindung. Hier war er zur Schule gegangen und hatte prägende Jugendjahre verbracht. Auch sein Freund August Kubizek stammte aus Linz. Gemeinsam mit Kubizek sah Hitler 1906 in Linz seine erste Wagner-Oper, ein einschneidendes Erlebnis für den zukünftigen Führer des „Dritten Reiches“. Wagner wurde zu seinem Idol, an seiner Musik berauschte er sich, seine opulenten Bühnenbilder prägten sein künftiges Weltbild. Kubizek berichtet in seinem Buch „Adolf Hitler, mein Jugendfreund“, dass Hitler von der Aufführung von „Rienzi“ im Linzer Stadttheater tief beeindruckt war. Nach dem Ende der Aufführung wanderten die beiden jungen Männer auf den nahegelegen Freinberg, wo Hitler wie besessen auf seinen Freund einredete. Er sprach von seinen hochtrabenden Zukunftsvisionen, von seiner glänzenden Zukunft und der unvorstellbaren Macht, die ihm einst zur Verfügung stehen würde.

Später reifte in Hitler die Idee, in Linz seinen Lebensabend verbringen zu wollen. Um die Bedeutung der Stadt zu betonen, verlieh er ihr den offiziellen Titel „Heimstadt des Führers“. Hitler hatte für Linz weitreichende Pläne. Bis 1950 wollte er aus der barocken Kleinstadt an der Donau eine Kulturmetropole machen, vergleichbar mit Budapest, wie

er einmal erwähnte. Als Zentrum sah Hitler sein „Führermuseum", in dem die bedeutenden Kunstschätze Europas vereint werden sollten. Während eines Besuchs des Oberösterreichischen Landesmuseums in Linz am 8. April 1938 äußerte sich Hitler erstmals gegenüber dem Museumsdirektor Dr. Theodor Kerschner über einen groß angelegten Museumskomplex, der ihm vorschwebte. Während des gemeinsamen Rundgangs mit Kerschner sprach Hitler vom Ausbau der Linzer Museumslandschaft. Ihm schwebten ein repräsentatives Gaumuseum sowie ein großangelegtes Volkskundemuseum vor. Zudem dachte er daran, das Oberösterreichische Landesmuseum mit einem Ergänzungsbau zu erweitern. Dr. Kerschner, der sich in Gedanken schon als der Leiter dieser Museen sah, stimmte Hitler verständlicherweise natürlich überschwänglich in all seinen Ideen zu.

Die Besichtigung der Galerie der Uffizien in Florenz im Mai 1938 bestärkte Hitler in seinen Plänen für ein zentrales Museum im Deutschen Reich. Der offizielle Staatsbesuch in Italien wurde zu einer regelrechten Kunstreise. Neben Florenz besuchte Hitler auch die Kunststädte Rom und Neapel. Sein Gastgeber Benito Mussolini, der selbst wenig kunstinteressiert war, drängte bei den Museumsbesichtigungen im-

Hans Posse im Jahr 1939

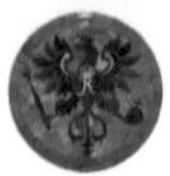

mer aufs Weitergehen, doch Hitler verlor sich regelrecht in den besichtigten Kunstwerken. Noch Jahre später schwärmte er von seiner Italienreise.

Zurück in Deutschland begann Hitler unverzüglich mit der Planung seines mittlerweile umgangssprachlich als „Führermuseum" bezeichneten Projektes. Offiziell trug die Planung für den großangelegten Museumskomplex die Bezeichnung „Sonderauftrag Linz". Die passende Örtlichkeit war mit Linz gefunden, jetzt fehlte nur noch ein kompetenter Kunstexperte, der Hitlers Pläne verwirklichte. Dieser betraute seinen Kunsthändler Karl Haberstock mit der Aufgabe, den geeigneten Mann zu finden. Haberstock, der alle Kunstexperten und Museumsdirektoren im deutschsprachigen Raum kannte, empfahl Hitler den Direktor der Dresdner Gemäldegalerie, Hans Posse. Hitler und Posse waren sich bereits 1934 begegnet, als der „Führer" in Dresden weilte und die dortige Gemäldegalerie besichtigte. Hitler war mit der Wahl einverstanden, beabsichtigte jedoch, Hans Posse einer persönlichen Prüfung zu unterziehen.

Posse galt in der Kunstszene Deutschlands als äußerst umstritten. Der gebürtige Dresdner war im Jahr 1910 im Alter von erst 31 Jahren zum Leiter der Staatlichen Gemäldegalerie berufen worden. Das trug ihm viele Neider ein. Sein augenscheinliches Interesse für die sogenannte entartete Kunst rückte ihn bald in den Blickwinkel nationalistisch gesinnter Kreise. Zu Beginn des 20. Jahrhunderts war völkisches Gedankengut in Deutschland endgültig salonfähig geworden und hatte auch in der Kunstszene Einzug gehalten. Abstrakte Kunst war hier verpönt. Künstler wie Otto Dix oder Wassily Kandinsky galten als nicht mehr gesellschaftsfähig. Unter „entartete Kunst" fielen auch zunehmend die Arbeiten aller jüdischen Künstler. Hans Posse ließ sich von solchem Gedankengut jedoch nicht beeindrucken und kaufte speziell Gemälde der vermeintlich „entarteten Kunst", um sie in verschiedenen Ausstellungen dem Publikum sozusagen als Avantgarde der deutschen Kunst zu präsentieren.

Mit der Machtübernahme der Nationalsozialisten in Deutschland wurde die Lage für Posse zunehmend prekär. Zunächst hielten ihn noch sein Sachverstand und gute Beziehungen zu hochrangigen Mit-

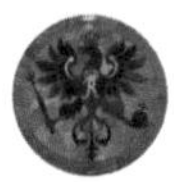

gliedern der NSDAP auf seiner Stelle als Museumsdirektor, doch spätestens nach der Propagandaausstellung „Entartete Kunst“ 1937 in München war sein Stand gefährdet. Im Rahmen der Ausstellung hatte Hitler klargestellt, welche Kunstwerke er in deutschen Museen sehen wollte. Die Bilder abstrakter und vor allem jüdischer Künstler gehörten nicht dazu. Am 7. März 1938 legte das Sächsische Ministerium für Volksbildung Hans Posse nahe, seine Versetzung in den dauerhaften Ruhestand zu beantragen. Das war eine übliche Methode, renommierten Personen eine Entlassung zu ersparen. Posse fügte sich und reichte nur wenige Tage später den entsprechenden Antrag ein, der umgehend bewilligt wurde.

Obwohl Hitler durchaus bewusst war, dass er durch eine mögliche Berufung von Hans Posse für einigen Wirbel in der deutschen Kunstszene sorgen würde, war er doch von dessen Kunstverstand und seinen Verbindungen zur europäischen Kunstwelt fasziniert. Um allen Eventualitäten aus dem Weg zu gehen, reiste Hitler im Juni 1938 nach Dresden, um sich mit Posse zu treffen. Jener war mittlerweile kurzfristig in den Staatsdienst zurückbeordert worden, um die Ausstellung „Deutsche Kunst vom 15. bis zum Ende des 18. Jahrhunderts“ vorzubereiten. Man konnte nicht auf seinen Sachverstand verzichten, seine vormalige Leitungstätigkeit wurde ihm jedoch verwehrt.

Am 18. Juni 1938 besuchte Hitler die Dresdner Gemäldegalerie, um sich von der Eignung Posses für sein „Führermuseum“ persönlich zu überzeugen. Hitler ließ sich von Posse durch das Museum begleiten und unterhielt sich mit ihm ausführlich über seine weitreichenden Pläne. Posse war vom „Projekt Führermuseum“ sofort hellauf begeistert und machte gleich konkrete Vorschläge. Der Führer schien zweifelsohne von Posse beindruckt, obwohl seine Persönlichkeit so gar nicht in das nationalsozialistische Weltbild passte. Posse war trotz seiner bisherigen herausgehobenen Position kein Mitglied der NSDAP und seine Vorliebe für die „entartete Kunst“ teilte Hitler absolut nicht. Allerdings war dieser so sehr vom Kunstverstand des Dresdner Museumsdirektors überzeugt, dass er in Hans Posse den idealen Mann für die Verwirklichung seiner Pläne sah. Ein entscheidender Punkt war wohl auch, dass Posse während seines Studiums als der Lieblingsschüler von Wilhelm

von Bode galt, dem Generaldirektor der preußischen Kunstsammlung, den Hitler als den bedeutendsten Kunstexperten überhaupt ansah.
Nach entsprechenden Anweisungen wurde Hans Posse von Hitler als Sonderbeauftragter mit dem Aufbau der Sammlung für den „Sonderauftrag Linz" betraut. Zu seinem persönlichen Stab gehörten mit den Kunsthistorikern Gottfried Reimer, Robert Oertel und Erhard Göpel einige der wichtigsten Kunstexperten Deutschlands. Des Weiteren waren Hans Posse und seine Mitarbeiter auch für die Verteilungspläne der beschlagnahmten Kunstwerke an die anderen deutschen Museen zuständig. Auf diese zusätzliche, sehr umfangreiche Tätigkeit hier genauer einzugehen, würde zu weit führen. Daher nur diese kurze Anmerkung: Hitler ging es in erster Linie um sein „Führermuseum", das er neben seiner politischen Mission als sein Lebenswerk betrachtete.
Bereits seit der Machtübernahme der Nationalsozialisten am 30. Januar 1933 war es in Deutschland zu massiven Beschlagnahmungen und angeordneten Zwangsverkäufen von Kunstwerken gekommen, die sich in jüdischem Besitz befanden. Nach dem Anschluss Österreichs an das „Altreich" wurde diese Praxis dort fortgesetzt. Mit der stetigen Erweiterung des „Führervorbehalts" wurde auch der Aktionsradius des „Sonderauftrages Linz" immer größer. In Wien entstand ein zentrales Kunstdepot, in welchem im Sommer 1939 bereits an die 8.000 Kunstwerke lagerten, die für das „Führermuseum" vorgesehen waren. Vom 10. bis 12. Juli 1939 sichtete Posse die Gemälde im Wiener Depot und traf eine erste Auswahl, die er wenig später seinem Dienstherrn in München präsentierte. Allerdings trafen nur 140 der etwa 800 Gemälde den Geschmack des „Führers".

Kunstraub in Polen

Mit dem Beginn des Zweiten Weltkrieges und der weiteren Ausdehnung des „Führervorbehaltes" auf die von Deutschland besetzten Gebiete eröffneten sich für Hans Posse und seine Mitarbeiter ungeahnte Möglichkeiten. Erstaunlicherweise herrscht in der historischen Aufarbeitung des „Dritten Reiches" bis

heute die irrtümliche Annahme, Hitlers Sonderbeauftragter Posse und dessen Stab seien in Polen nur wenige Kunstwerke in die Hände gefallen. Diese Fehleinschätzung beruht auf einem Bericht des amerikanischen Nachrichtendienstes OSS („Office of Strategic Services" [„Amt für strategische Dienste"]; von 1942 bis 1945 ein US-amerikanischer Nachrichtendienst). Im sogenannten Linz-Bericht wurde lediglich von einer Sammlung von 30 Zeichnungen des Malers Albrecht Dürer gesprochen, die Posse für seinen prominenten Auftraggeber beschlagnahmte. Anscheinend war den Mitarbeitern des OSS nichts vom Fotokatalog „Sichergestellte Kunstwerke im Generalgouvernement", den Generalgouverneur des besetzten Polen Hans Michael Frank für Hitler anfertigen ließ, bekannt. Dieser Katalog beinhaltete eine Auswahl von 521 aus polnischem Kunstbesitz konfiszierten Kunstwerken.
Die im Vergleich zu anderen Ländern geringe Menge an Beutekunst aus Polen hat in der einschlägigen Literatur die Meinung etabliert, Hitler und sein Kunstexperte Posse hätten sich nur wenig für den polnischen Kunstbesitz interessiert, da sich der „Führer" aus ideologischen Gründen nur bedingt für slawische Kunst begeistern konnte. Die Wahrheit sieht jedoch etwas anders aus.
Nach dem Überfall auf Polen wurde die Militärverwaltung bereits am 26. Oktober 1939 durch eine Zivilverwaltung eingesetzt. Schon drei Wochen später erließ der als Generalgouverneur eingesetzte Hans Frank eine „Verordnung über die Beschlagnahme des Vermögens des polnischen Staates innerhalb des Generalgouvernements". Damit war der Weg frei für die systematische Plünderung der polnischen Kulturgüter. Am 18. November beauftragte Hitler seinen Sonderbeauftragten Posse mit der Prüfung und Beschlagnahme von Kunstwerken im besetzten Polen, die für das „Führermuseum" in Frage kamen. Vom 25. bis 30. November 1939 hielt sich Hans Posse in Warschau und Krakau auf, um den Bestand der dortigen Museen zu prüfen. In Krakau ließ er ein zentrales Sammellager für die in Polen beschlagnahmten Kunstwerke einrichten. In der Folgezeit wurden dort auch Güter aus privaten Sammlungen eingelagert, die später auf ihre Eignung für das geplante Museum in Linz hin geprüft werden sollten.
Obwohl Hitler die ausgewählten Kunstgegenstände bereits aus dem

von Hans Frank in Auftrag gegebenen Katalog kannte, ordnete er an, die 521 Kunstwerke nach Berlin bringen zu lassen, um sie in einer Ausstellung zu präsentieren. Diese kam jedoch auf Betreiben Posses nicht zu Stande, da er der Ansicht war, sie würde zu viel Propagandastoff für die Feindmächte bieten. Allerdings wurde für Hitler eine Privatausstellung organsiert, die er vom 24. bis 26. Juni 1940 mehrmals besichtigte und seine Lieblingsstücke auswählte.

Kunstraub in der Tschechoslowakei

Nach der im Münchner Abkommen vom 29. September 1938 beschlossenen Abtretung des Sudentenlandes an Deutschland wurde im März 1939 auch der restliche Teil der Tschechoslowakei von deutschen Truppen besetzt. Nunmehr als „Protektorat Böhmen und Mähren“ bezeichnet, war die bislang souveräne Tschechoslowakei de facto zum Teil des Deutschen Reiches geworden.

Die in der Folgezeit betriebene Germanisierungspolitik weitete sich auch auf die tschechoslowakische Kunstwelt aus. So wurden die staatlichen Kunstsammlungen nicht etwa geplündert und Teile davon nach Deutschland verbracht, vielmehr stockten die entsprechenden Behörden die Sammlungen noch mit Kunstwerken aus Privatbesitz auf. Auf Grund der politischen Sonderstellung des Protektorats Böhmen und Mähren gingen nur relativ wenige Kunstwerke in den Fundus des „Sonderauftrags Linz“. Lediglich einige Gemälde aus der Sammlung des Adelshauses Lobkowitz sowie der sogenannte Hohenfurther Altar aus dem südböhmischen Zisterzienserstift Hohenfurth/Vyšší Brod wurden dem Projekt zugeführt.

Ganz anders verfuhr man mit dem Kunstbesitz der jüdischen Bevölkerung, der unter den „Führervorbehalt“ fiel. Rigoros beschlagnahmten die Sonderbeauftragten Kunstwerke, die später verschiedenen deutschen Museen zugeteilt werden sollten. Am 22. Juli 1941 inspizierte Hans Posse die in einem Zentraldepot in Prag gelagerten Stücke, um

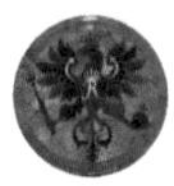

die für das „Führermuseum" geeigneten Arbeiten auszusuchen. Besonders interessant waren für ihn die großen Bestände an historischen Waffen, da Hitler mittlerweile die Idee geäußert hatte, in Linz ein separates Waffenmuseum zu errichten. Mit der großen Menge an in der Tschechoslowakei beschlagnahmten Waffen konnte Posse seinen Dienstherren so ein weiteres Mal zufrieden stellen.

Kunstraub in der UdSSR

Mit dem Überfall der Wehrmacht auf die Sowjetunion am 22. Juni 1941 war nun für Hitler und seine Schergen der Weg frei, sich auch russische Kunstwerke anzueignen. Hitler hatte im Kreise seiner Vertrauten schon des Öfteren sein spezielles Interesse an den deutschen, italienischen und französischen Gemälden der Eremitage in Sankt Petersburg geäußert. Sein diensteifriger Sonderbeauftragter Hans Posse hatte sich bereits über die dortigen Kunstschätze informiert. Bis Mai 1941 reiste er zu diesem Zweck mehrfach nach Moskau, um mit den zuständigen Stellen über den Ankauf von Kunstwerken deutschen Ursprungs zu verhandeln. Allerdings waren seine Bemühungen von wenig Erfolg gekrönt.

Unmittelbar nach Feldzugsbeginn setzte sich die übliche Maschinerie in Gang. Am 20. Juli 1941 gab Hitler die Anweisung, den „Führervorbehalt" auf die besetzten russischen Gebiete auszudehnen. Unverzüglich wurde ein Einsatzkommando speziell für die berühmte Eremitage in Sankt Petersburg aufgestellt. Jetzt betrat erstmals auch der neu ernannte „Reichsminister für die besetzten Ostgebiete", Alfred Rosenberg, die Bühne des Geschehens, der den Stab der Sonderbeauftragten für das Führermuseum personell unterstützen ließ. Man ging von einer schnellen Einnahme der Stadt aus und wollte auf die überwältigende Masse an Kunstgegenständen aus der Eremitage vorbereitet sein. Da es den deutschen Truppen jedoch nicht gelang, die Stadt einzunehmen, zerbrach auch Hitlers Traum von den Schätzen der Eremitage.

Da Hans Posse zu jener Zeit mit Kunstankäufen in Italien und den Niederlanden beschäftigt war, wurde der baltisch-deutsche Kunstexperte

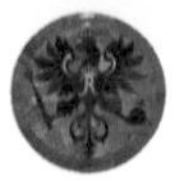

Niels von Holst damit beauftragt, in den bereits besetzten Gebieten der Sowjetunion nach geeigneten Exponaten für den „Sonderauftrag Linz" zu suchen. Dieser musste jedoch zu seinem Leidwesen von Ernst-Otto Graf zu Solms-Laubach, dem Kunstschutzoffizier der Heeresgruppe Nord, erfahren, dass die wichtigsten Kunstwerke der im Bereich der Wehrmacht liegenden Museen bereits kurz nach dem Angriff auf die Sowjetunion in Depots weit östlich von Moskau ausgelagert worden waren. In den Museen von Zarskoje Selo, Pawlowsk und Gatschina, die für ihre Kunstschätze berühmt waren und im Zuständigkeitsbereich der Sonderbeauftragten lagen, befanden sich nur noch drittrangige Kunstwerke. Um aber nicht ganz mit leeren Händen dazustehen, ließ v. Holst 4.000 Gemälde sowie zahlreiche Ikonen, Möbelstücke und Skulpturen beschlagnahmen. Immerhin bestand die Hoffnung, einen Teil dieser Kunstgegenstände auch in anderen Museen und nicht nur im Linzer „Führermuseum" auszustellen. Insgesamt war der geplante Kunstraub in der Sowjetunion ein Desaster.

Kunstraub in Frankreich

Obwohl die Sonderbeauftragten um Hans Posse verstärkt in Österreich und Osteuropa die Plünderung der hiesigen Kunstsammlungen betrieben, eigneten sich die Nationalsozialisten auch in den von der Wehrmacht besetzten Ländern Westeuropas skrupellos deren Kunstschätze an. Stellvertretend für dieses Unrecht soll an dieser Stelle der Kunstraub in Frankreich betrachtet werden.

Der Kunstraub in Frankreich war für die führenden Köpfe des „Dritten Reiches" von besonderer Bedeutung. Einerseits galt Frankreich seit den Napoleonischen Befreiungskriegen, in denen verschiedene europäische Länder, allen voran die meisten deutschen Staaten, ferner Spanien, Russland und Großbritannien von 1813 bis 1815 gegen die französische Vorherrschaft kämpften, als „Erbfeind" Deutschlands. Zudem hatten die Siegermächte des Ersten Weltkriegs Deutschland im Rahmen des Versailler Vertrages gezwungen, einen Teil der Reparationszahlungen an Frankreich in Form von Kunstschätzen zu leisten.

Diese Schmach wollten die Nationalsozialisten nun tilgen und sich ihre Kunstwerke zurückholen.
Neben der Rückführung dieser Kunstwerke hatte es Hitler speziell auf den jüdischen Kunstbesitz in Frankreich abgesehen. In dem von ihm in Auftrag gegebenen Sicherstellungsdekret, das der Chef des Oberkommandos der Wehrmacht, Wilhelm Keitel, an den General der Artillerie Alfred Bernhard Karl Egon von Vollard-Bockelberg, zeitweilig Militärbefehlshaber von Paris, übermittelte, hieß es dann auch unter anderem „… dass – neben den in französischem Staatsbesitz befindlichen Kunstschätzen – auch die privaten, vornehmlich in jüdischem Besitz befindlichen Kunst- und Altertumswerte vor Verschleppung bzw. gegen Verbergung einstweilen in Verwahrung der Besatzungsmacht sichergestellt werden unter Kenntlichmachung des bisherigen französischen Besitzers.“[2]
Da die Plünderung der europäischen Kunstsammlungen eigentlich schon durch den „Führervorbehalt“ angeordnet war, zeigt dieses Dekret, wie sehr Hitler an den französischen Kunstschätzen interessiert war. Bereits einen Tag nach der Unterzeichnung des Waffenstillstandsabkommens mit Frankreich am 22. Juni 1940 im Wald von Compiègne flog Hitler gemeinsam mit seinem Chefarchitekten Albert Speer und seinem Lieblingsbildhauer Arno Breker nach Paris. Dort besichtigten die Männer inkognito verschiedene architektonische Sehenswürdigkeiten und Kunstausstellungen.
Da Hans Posse und seine Mitarbeiter vom „Sonderauftrag Linz“ zum Zeitpunkt der Besetzung Frankreichs in anderen Ländern auf Raubzug waren, wurde die Beschlagnahme der französischen Kunstwerke zunächst der deutschen Botschaft in Paris übertragen. Später übernahm der Kunstschutz der Wehrmacht unter dem Kunsthistoriker Franz Graf Wolff-Metternich zur Gracht diese Aufgabe. Für den Zugriff auf die großen jüdischen Kunstsammlungen in Frankreich war der „Einsatzstab Reichsleiter Rosenberg“ (ERR) zuständig. Der ERR wurde im September 1940 aufgestellt, vorrangig mit dem Ziel der Plünderung jüdischer Kunstsammlungen. Alfred Rosenberg, Chefideologe und Reichsleiter der NSDAP, hatte es im Auftrag Hitlers speziell auf die Kunstsammlung der Familie Rothschild abgesehen.

Obwohl mit anderen Aufgaben gebunden, ließ es sich der Sonderbeauftragte Hans Posse nicht nehmen, das in Paris eingerichtete Kunstraubdepot ausführlich zu inspizieren. Posse verweilte vom 19. bis 29. Oktober 1940 in Paris, wo sein Augenmerk anscheinend in erster Linie auf den Kunstwerken lag, die Deutschland 1919 an Frankreich hatte ausliefern müssen. Nach seiner Reise verfasste er demzufolge eine Stellungnahme zur „Sicherung des deutschen Kulturgutes in Frankreich". Als Verantwortlicher für die vollständige Rückführung der deutschen Kunstgegenstände wurde Fritz Dworschak vom „Komitee für die Wiedererlangung von Kunstwerken, gestohlen von den Franzosen aus Deutschland seit 1794" bestimmt. Auch Karl Haberstock war in dieses Projekt involviert. Dass Hitler seinen persönlichen Kunsthändler mit solchen Aufgaben betraute, war ein Zeichen dafür, dass er mit allen ihm zur Verfügung stehenden Mitteln der Welt zeigen wollte, dass Deutschland nach der „Schmach des Versailler Vertrags" zu alter Größe und Macht zurückgefunden hatte.
Zur Unterstützung des ERR bei der Sichtung und Beschlagnahme der jüdischen Kunstsammlungen in Frankreich beauftragte Hitler den geradezu manischen Kunstsammler Reichsmarschall Hermann Göring. Göring reiste im November 1940 nach Paris und erließ sofort folgende Bestimmungen:
„In Fortführung der bisher getroffenen Maßnahmen zur Sicherstellung des jüdischen Kunstbesitzes durch den Chef der Militärverwaltung Paris und durch den Einsatzstab Rosenberg […] wird mit den in den Louvre gebrachten Kunstgegenständen in folgender Weise verfahren:

1.) Diejenigen Kunstgegenstände, über deren weitere Verwendung sich der Führer das Bestimmungsrecht vorbehalten wird,
2.) diejenigen Kunstgegenstände, die zur Vervollständigung der Sammlung des Reichsmarschalls [Göring] dienen,
3.) diejenigen Kunstgegenstände und Bibliotheksbestände, deren Verwendung beim Aufbau der Hohen Schule und im Aufgabenbereich des Reichsleiter Rosenberg angebracht erscheinen,
4.) diejenigen Kunstgegenstände, die geeignet sind, deutschen Museen zugeleitet zu werden, werden unverzüglich durch den Einsatzstab Rosenberg ordnungsgemäß inventarisiert, verpackt und

mit Unterstützung der Luftwaffe nach Deutschland gebracht.

5.) Diejenigen Kunstgegenstände, die geeignet sind, den französischen Museen und dem deutschen und französischen Kunsthandel zugeleitet zu werden, werden an einem noch zu bestimmenden Zeitpunkt versteigert und der dafür einkommende Erlös dem französischen Staat zu Gunsten der französischen Kriegshinterbliebenen überlassen.

6.) Die weitere Erfassung jüdischen Kunstbesitzes in Frankreich geschieht in der bisher bewährten Form durch den Einsatzstab Rosenberg in der Zusammenarbeit mit dem Chef der Militärverwaltung Paris.

Ich werde diesen Vorschlag dem Führer vorlegen. Bis zu seiner Entscheidung gilt diese Regelung."[3]

Göring nutzte die ihm zugedachte Aufgabe, um sich ungeniert an der französischen Beutekunst zu bedienen. Obwohl Hitler darüber verärgert war, ließ Göring große Mengen an wertvollem Diebesgut unter anderem nach Carinhall verbringen, seiner persönlichen, nach seiner 1931 verstorbenen ersten Ehefrau Carin benannten protzigen Residenz in Brandenburg. Erst im Juni 1943 gelang es Alfred Rosenberg, Hitler davon zu überzeugen, Göring den privaten Zugriff auf die französischen Kunstschätze zu untersagen. Bis zu diesem Zeitpunkt hatte sich jener an die 700 Kunstwerke angeeignet.

Zusammenfassend kann man sagen, dass die Beschlagnahme der Kunstwerke in Frankreich durch die verschiedenen deutschen Stellen der größte Kunstraub in der Geschichte der Menschheit war. Allein der ERR hatte bis Juli 1944 21.903 Kunstobjekte aus jüdischem Besitz konfisziert. Rosenbergs Mitarbeiter Robert Stolz verfasste einen abschließenden Bericht, in dem er alle an den Raubzügen Beteiligten mit pathetischen Worten für ihren Einsatz lobte. Darin hieß es unter anderem: „In den Bergungsorten wurde die zunächst in Paris nur der Identifizierung dienende Inventarisierung nach wissenschaftlichen Gesichtspunkten ergänzt und die Ergebnisse der kunstwissenschaftlichen Zuschreibung in Inventarlisten und einer jeden Kunstgegenstand erfassenden Kartei niedergelegt. Bei dieser wissenschaftlichen Inventarisierung eines in seinem Umfang und seiner Bedeutung einmaligen

Materials bisher der Kunstforschung unbekannter Werte wurde vom Sonderstab Bildende Kunst eine für die gesamte Kunstwissenschaft wichtige Arbeit geleistet. Die Inventarisierungsarbeiten werden die Grundlage eines wissenschaftlichen Gesamtkatalogs bilden, in dem Hergang, Umfang, wissenschaftliche und politische Bedeutung dieser historisch einmaligen Kunsterfassungsaktion dokumentarisch niedergelegt werden sollen. Es wurde vom Sonderauftrag eine mit allen technischen Hilfsmitteln ausgerüstete Restaurierungswerkstätte an einem der Bergungsorte eingerichtet, die sich mit der Pflege und Wiederherstellung der erfassten Kunstwerke sowie ihrer ständigen Beobachtung in den Bergungsorten beschäftigt. Einige hundert von jüdischen Besitzern vernachlässigte oder früher unsachgemäß restaurierte Kunstwerke konnten in dieser Werkstätte wiederhergestellt und in ihrem Bestand gesichert werden."[4]

Im Zuge der nationalsozialistischen Plünderung der Kunstschätze Frankreichs trat erstmalig ein Mann auf, der bis heute als Synonym für die Nazi-Beutekunst steht. Dank seines Kunstverstandes und skrupellosen Handelns stieg Hildebrand Gurlitt vom einfachen Kunsthändler zum Chefeinkäufer für den Sonderauftrag Linz auf. Neben Hans Posse und Alfred Rosenberg, die für die Beschlagnahme von Kunstwerken in ganz Europa zuständig waren, galt Hildebrand Gurlitt als Hitlers Faustpfand für die Erfüllung seines Traums vom „Führermuseum".

Gurlitt – Das Gesicht des NS-Kunstraubs

Hildebrand Gurlitt steht wie keine andere beteiligte Person für die NS-Beutekunst im Zweiten Weltkrieg. Sicherlich war er keiner der führenden Köpfe, welche die Plünderung der europäischen Museen betrieben. Er war nur ein kleines Rädchen innerhalb der Maschinerie. Wenn er augenscheinlich auch an exponierter Stelle im Bereich der Beutekunst stand, war er offiziell nur ein Befehlsempfänger der Elite des Dritten Reiches.

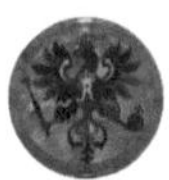

Hildebrand Gurlitt (Zweiter von links) nach dem Krieg bei einer Veranstaltung des Kunstvereins Düsseldorf (1949)

Dass sein Name jedoch bei jeglicher Beschäftigung mit der Plünderung der europäischen Kunstsammlungen durch die deutschen Nationalsozialisten fällt, hat mit einem bestimmten Ereignis aus dem Jahre 2010 zu tun, dessen Auswirkungen die europäische Kunstwelt nachdrücklich erschütterte und heute als der Schwabinger Kunstfund bekannt ist. Im September 2010 wurde ein gewisser Cornelius Gurlitt im Zug von Zürich nach München routinemäßig von deutschen Zollfahndern kontrolliert. Die Maßnahme galt der Überwachung des Verkehrs von Barmitteln, die in oder aus der Europäischen Union verbracht wurden. Auf Nachfrage der Beamten gab Cornelius Gurlitt an, keine größeren Mengen an Bargeld bei sich zu führen. Bei einer Leibesvisitation wurden dennoch 9.000 Euro in bar gefunden. Im Zuge der Ermittlungen wegen eines etwaigen Schwarzgeldkontos in der Schweiz stellten die ermittelnden Stellen fest, dass Gurlitt in seiner Heimatstadt München weder offiziell gemeldet war noch eine Bankverbindung und eine Sozialversicherung besaß. Mit dem Vorwurf eines möglichen Steuerdelikts erwirkte die Staatsanwaltschaft Augsburg im September 2011 einen Durchsuchungsbeschluss für Gurlitts Wohnung in München-Schwabing. In der Wohnung entdeckten die Durchsuchungsbeamten 1.280 Kunstgegenstände, von denen Gurlitt behauptete, es handele sich da-

bei um die Privatsammlung seines Vaters Hildebrand Gurlitt. Da die Beamten jedoch von einer Unterschlagung der Kunstwerke ausgingen, wurden diese beschlagnahmt.
Am 11. September 2013 teilte das Bayerische Justizministerium offiziell mit, dass eine Arbeitsgruppe aus sechs Kunstexperten die Herkunft der Arbeiten überprüfen werde, da mittlerweile davon ausgegangen wurde, dass sich Hildebrand Gurlitt die Stücke unrechtmäßig angeeignet hatte. In einem ersten Bericht teilte die Arbeitsgruppe mit, dass es sich bei etwa 590 Kunstwerken wohl um NS-Raubkunst handele, die von Hildebrand Gurlitt mit unlauteren Mitteln erworben wurden. Cornelius Gurlitt erhob mehrfach Einspruch gegen die Beschlagnahme der Sammlung seines Vaters. Im Mai 2014 kam es dann zu einer Einigung zwischen Gurlitt, dem Bayerischen Justizministerium und den entsprechenden Stellen der Bundesregierung. Gurlitt erklärte sich mit weiteren Untersuchungen der Kunstgegenstände einverstanden und würde einer möglichen Rückgabe an die Besitzer nicht widersprechen. Cornelius Gurlitt verstarb am 6. Mai 2014 und vermachte die Sammlung seines Vaters testamentarisch dem Kunstmuseum Bern. Ein Teil der politisch unbelasteten Kunstwerke befindet sich mittlerweile dort und wird zeitweilig ausgestellt. Die Arbeitsgruppe der bayerischen Justiz versucht bis heute, die früheren Besitzer der geraubten Kunstwerke zu finden. Bislang ist ihr Erfolg jedoch eher gering.
Hildebrand Gurlitt entstammte einer bedeutenden Familie von Künstlern und Kunstexperten. Entsprechend groß waren die vorgegebenen Fußstapfen. Sein Großvater Louis Gurlitt war ein berühmter Landschaftsmaler, dessen Werke bis heute in vielen norddeutschen Museen ausgestellt werden. Sein Vater, Cornelius Gurlitt, gehörte zu den einflussreichsten Architekturhistorikern seiner Zeit und gilt als einer der Begründer der Denkmalpflege in Deutschland. Am 15. September 1895 geboren, wuchs der junge Hildebrand in einem vornehmen Villenviertel in der Dresdner Südvorstadt auf. Gleich um die Ecke der Gurlittschen Villa befand sich das Haus der Familie Bienert, das sich in den 1920er Jahren zum Treffpunkt der künstlerischen Avantgarde Deutschlands entwickelte. Die Sammlerin und Mäzenin Ida Bienert empfing hier Künstler wie Walter Gropius, Otto Dix und Oskar Ko-

koschka. Hildebrand Gurlitt traf hier zum ersten Mal auf die Vertreter jener Kunstrichtung, die prägend für sein späteres Leben werden sollten. Gurlitt besuchte, wie seine Geschwister, das „St. Annen Gymnasium", eine ausgezeichnete Lehranstalt, die viel Wert auf künstlerische Erziehung legte. Nach Ausbruch des Ersten Weltkriegs meldete sich Gurlitt zusammen mit vielen seiner Schulkameraden freiwillig zum Militärdienst, ohne das Abitur abgeschlossen zu haben. Allerdings ermöglichte ihm das sächsische Kultusministerium durch einen Erlass, seine Reifeprüfung während eines Heimaturlaubs abzulegen. Allzu schwer machte es das Kultusministerium seinen tapferen Primanern dabei aber nicht. Im Jahresbericht des Rektors des „St. Annen Gymnasiums" hieß es: „Die schweren Opfer, die die jungen Leute ihrem Vaterland willig zu bringen bereit waren, soll ihnen nach Möglichkeit erleichtert werden."[5]
Geprägt von der Bekanntschaft mit verschiedenen Künstlern und von der Arbeit seines Vaters inspiriert, schrieb sich Gurlitt während eines weiteren Heimaturlaubs in ein „studium generale" an der Sächsischen Technischen Universität ein. Während dieser Art Vorstudium besuchte er Vorlesungen über Impressionismus, Logik, europäische Geschichte und die Werke von Goethe, Wagner und Bach.
Während seiner Kriegsteilnahme war Gurlitt zunächst Angehöriger des 1. Ersatz-Bataillons des Königlich Sächsischen 1. Leib-Grenadier-Regiments Nr. 100, das im Oktober an die Westfront in Frankreich verlegt wurde. Zwei Jahre blieb Gurlitt an der Westfront und lernte dort den Krieg in all seiner Härte kennen. Kurzzeitig von der allgemeinen Kriegseuphorie beseelt, schrieb er bereits im November 1914 an seine Eltern, dass er auf ein schnelles Kriegsende hoffe. Im Oktober 1915 wurde Gurlitt in der Champagne am linken Arm verwundet und kam in ein Lazarett in Augsburg. Ein halbes Jahr später traf ihn ein Granatsplitter, der ihm einen längeren Genesungsurlaub in der Heimat bescherte. Trotz seiner erheblichen Verletzungen ließ er es sich nicht nehmen, auch diesmal verschiedene Vorlesungen an der Sächsischen Technischen Universität zu besuchen. So lauschte er seinem Vater, der über Formenlehre, Städtebau und Geschichte der Baukunst referierte. Ende 1917 wurde Hildebrand Gurlitt in die Militärverwaltung nach Wilna bei „Ober-Ost" versetzt. Ober-Ost war die Kurzbezeichnung für

das "Gebiet des Oberbefehlshabers Ost", dem deutschen Besatzungsgebiet an der Ostfront. Nach den an der Westfront erlebten Schrecken war diese Versetzung ein wahrer Glücksfall für ihn. Unter anderem wurde er von seinen Vorgesetzten mit verschiedenen Propagandaaufgaben betraut. Als Leiter der Kunst-Sektion entwarf Gurlitt enthusiastische Kunstprogramme, mit denen er der Landbevölkerung Kunst und Kultur näherbringen wollte. Sein weitreichendes Ziel war die Aufstellung einer Abteilung für Bildende Künste, die im ganzen besetzten Ostgebiet Kunstaustellungen mit Werken aus deutschen Museen organisieren sollte. Bei seinen Vorgesetzten stieß er damit allerdings auf taube Ohren, da es diesen nur darum ging, die einheimische Bevölkerung auf eine dauerhafte deutsche Besiedlung vorzubereiten.

Intellektuell war die Versetzung nach Wilna indes ein Gewinn für Gurlitt. Hier lernte er Künstler jedweder Art und Stilrichtung kennen, darunter der Schriftsteller Arnold Zweig und der expressionistische Maler Magnus Zeller. Gurlitt wurde in den „Klub der ehemaligen Intellektuellen" aufgenommen. Der Name war wohl mit Augenzwinkern gewählt, waren die Männer des Geistes doch nun „stramme" Soldaten. Die allabendlichen Zusammenkünfte entwickelten sich für Hildebrand Gurlitt zu einem Quell der Inspiration. Zu jener Zeit reifte in ihm deshalb auch der Gedanke, sich nach dem Krieg ganz der Kunst zu widmen. Seinem Bruder schrieb er: „Weißt Du eigentlich, was meine neuen Pläne für die Zukunft sind? In irgendeiner Stadt, wo modernes, großindustrielles Leben ist, in Barmen oder Essen usw., und dort versuchen, über ein kleines, auf Wirkung (nicht irgendwelche Vollständigkeit usw.) berechnetes Museum Einfluss auf die Arbeiter zu bekommen, wenn Du willst, die Kunst benutzen als Lock- und Fangmittel zu allem geistigen."[6]

Ein weiterer Trost für Gurlitt war der Umstand, dass seine geliebte Schwester Cornelia ebenfalls in Wilna als Krankenschwester stationiert war. Die Geschwister waren sich schon seit frühester Kindheit in tiefer Zuneigung verbunden. Cornelia hatte sich zu Kriegsbeginn zum Roten Kreuz gemeldet und tat nach Stationen in Warschau und Johannisburg nun Dienst im Kriegslazarett Wilna-Antokol. Schon vor seiner Versetzung war Gurlitt wiederholt nach Wilna gereist, um sie zu besuchen.

Nach Ende des Ersten Weltkrieges kehrte Hildebrand Gurlitt zunächst in den Schoß der Familie nach Dresden zurück. Lange hielt er es in der Enge des elterlichen Hauses jedoch nicht aus. Der Krieg hatte die Familie verändert, die Schande des Versailler Vertrags ließ den sonst so aufgeschlossenen Vater immer verbitterter werden. Hildebrand selbst war im Krieg zu einem Mann gereift, der sich eine Zukunft aufbauen und in der Welt der Kunst seinen Platz finden wollte. Ihn zog es nach Frankfurt, wo er sich an der Goethe-Universität für das Kunststudium einschrieb. Diese Lehranstalt war zur damaligen Zeit die modernste Universität Deutschlands, hier studierte die zukünftige Elite des Landes. Neben diesem Umstand hatte Gurlitt Frankfurt auch wegen seiner vielen Kunstsammlungen ausgewählt.
Nach einem durchaus gelungenen Start ins Studium traf Gurlitt im August 1919 mit dem Selbstmord seiner Schwester Cornelia ein schwerer Schicksalsschlag. Cornelia hatte nach Kriegsende im geregelten Leben nicht wieder Fuß fassen können. Die traumatischen Erlebnisse in den Kriegslazaretten und eine unglückliche Liebe hatten sie aus der Bahn geworfen. Gurlitt war durch den Tod der geliebten Schwester völlig konsterniert. Er sah plötzlich keinen Sinn mehr in seinem Studium und besuchte die Vorlesungen nicht mehr. Es dauerte Monate, bis er diesen Schicksalsschlag verarbeitet hatte. Am 12. Januar 1920 immatrikulierte er sich an der „Friedrich-Wilhelm-Universität" in Berlin, wo er die nächsten drei Semester studierte. Dort wurde Professor Adolph Goldschmidt sein Freund und Mentor. Jener war Experte für mittelalterliche Kunst und förderte Gurlitts Pläne für eine Karriere als Kunstsachverständiger. Goldschmidt war es auch, der Gurlitt seine erste Anstellung in der Kunstszene vermittelte.
Die beginnenden 1920er Jahre brachten zu Hildebrand Gurlitts Freude eine grundlegende Veränderung der deutschen Kulturlandschaft. Die Kunst der Moderne war bis dahin nur privat geführten Museen und Sammlungen vorbehalten gewesen. Nun aber war die Avantgarde auch in den großen Museen des Landes präsent. Gleichzeitig änderte sich auch der Kunstverstand der Deutschen. Nach den Entbehrungen des Krieges schien plötzlich ein ausgesprochener „Hunger" nach Kunst und Kultur zu bestehen. Museen und Ausstellungen wurden regelrecht

von Besuchern gestürmt. Kunst war nun nicht mehr nur ein Privileg der Reichen – Menschen jeden Standes begeisterten sich plötzlich dafür. Gurlitt war sehr erfreut über diese Entwicklung. Schon in dem weiter oben erwähnten Brief an seinen Bruder hatte er davon gesprochen, der einfachen Bevölkerung die Kunstwelt nahebringen zu wollen.

Kurz vor Studienende wechselte Gurlitt noch einmal die Universität und legte seine Prüfungen erfolgreich an der „Friedrich-Wilhelm-Universität" in Frankfurt ab. Kurzerhand beschloss er, noch zu promovieren. Der Frankfurter Kunsthistoriker Rudolf Kautzsch nahm den engagierten jungen Mann mit Freuden als seinen Doktoranden an. Das Thema von Gurlitts Dissertation lautete: „Die Katharinenkirche in Oppenheim am Rhein".

Die Studienzeit war nun vorbei und Hildebrand Gurlitt zog zunächst wieder nach Dresden. Die Zeit nach seiner erneuten Rückkehr in den Schoß der Familie empfand er zunehmend als beengend. Schnell kam es zu Spannungen mit dem Vater, der Wert auf strenge Regeln in seinem Haus legte, denen sich Hildebrand aber nicht unterordnen wollte. Immerhin vermittelte Cornelius Gurlitt seinem Sohn eine Assistentenstelle an der baugeschichtlichen Sammlung der Technischen Hochschule Dresden.

Dort hatte sich mittlerweile eine vitale Kunstszene entwickelt, in deren Zentrum die Kunst der Moderne stand. Gurlitt fühlte sich besonders der „Dresdner Sezession Gruppe 1919" verbunden. Künstler wie Otto Dix und Oskar Kokoschka formten sein Kunstverständnis weiter.

Neben seiner Assistententätigkeit versuchte sich Hildebrand Gurlitt als Kunstkritiker, schrieb unter anderem für die „Deutsche Allgemeine Zeitung" und die „Frankfurter Zeitung". Zu jener Zeit begann Gurlitt auch Vorträge über Kunstgeschichte zu halten.

Beim Besuch einer Vorstellung der Dresdner „Kammertanzgruppe Mary Wigman", zu der auch die später so berühmte Gret Palucca gehörte, verliebte sich Gurlitt in die Tänzerin Helene Hanke. Ein gemeinsamer Freund machte die beiden kurze Zeit später miteinander bekannt. Am 19. August 1923 war Hochzeit und Helene zog mit in das Haus der Familie Gurlitt ein.

Im Dezember 1924 bewarb sich Hildebrand Gurlitt auf die freiwer-

dende Stelle als Direktor des „König-Albert-Museums“ in Zwickau. Unter nicht wenigen Mitbewerbern wurde er ausgewählt. Am 1. April trat er die neue Herausforderung an. Eine anspruchsvolle Aufgabe lag vor Gurlitt. Neben der Betreuung von mehreren Sammlungen gehörte gleichzeitig auch die Suche nach potenziellen Förderern des Museums zu seinem Aufgabengebiet. Die Stadt Zwickau war nicht in der Lage, das Museum aus eigenen Mittel zu betreiben. Dementsprechend gering war deshalb die Besoldung des Direktorenpostens.

Gurlitts erste Aufgabe war es, das Museum erst einmal zu ordnen. Bis zu seiner Anstellung wurde das Museum ehrenamtlich geführt, weswegen keine klare Linie in den einzelnen Sammlungen herrschte. Am 16. Oktober 1926 feierte Zwickau die Neueröffnung seines Museums. Gurlitt hatte das Haus modernisiert und die Abteilungen neu strukturiert. Von allen Seiten wurde er für seine Leistung mit Lob geradezu überschüttet, die Zeitungen überboten sich mit Schmeicheleien des neuen Museumsdirektors.

In den Folgejahren widmete sich Gurlitt dann dem Ausbau der Kunstsammlungen. Besonderen Wert legte er dabei natürlich auf die Pflege der modernen Kunst. Gurlitt förderte in diesem Zusammenhang viele lokale Künstler und Galeristen, wurde so schnell zum Mittelpunkt der örtlichen Kunstszene. Das „König-Albert-Museum“ entwickelte sich immer mehr zum Zentrum für avantgardistische, teils abstrakte Kunst, was vielen einflussreichen Bürgern der Stadt missfiel. Auch der wachsende Einfluss nationalsozialistischer Kräfte Ende der 1920er Jahre ließ immer wieder Rufe nach Gurlitts Entlassung laut werden. Seine Gegner inszenierten eine Intrige, die im März 1930 schließlich zu Gurlitts Entlassung führte. Unter anderem wurde ihm vorgeworfen, er habe wertvolle Kunstwerke, die sich seit Jahren im Besitz des Museums befanden, rücksichtslos verkauft, nur um „entartete“ Kunst zu erwerben, wie die Werke der Moderne mittlerweile im nationalsozialistischen Jargon bezeichnet wurden.

Gurlitt und seine Frau kehrten daraufhin nach Dresden zurück und wohnten zunächst im Haus eines reichen Gönners, dem Industriellen und Kunstliebhaber Kurt Kirchbach. Um Gurlitt zu unterstützen, beauftragte ihn sein Mäzen mit dem Aufbau einer privaten Kunstsamm-

lung. Kirchbach legte besonderen Wert auf künstlerische Fotografie und Gurlitt verschaffte ihm Aufnahmen der bedeutendsten Künstler Europas.

Im Frühjahr 1931 ergab sich für Gurlitt eine neue Chance, in der deutschen Kunstszene aktiv zu werden. Der Hamburger Kunstverein mit über eintausend Mitgliedern suchte einen neuen Vorsitzenden. Gurlitt bewarb sich und durfte am 1. Mai 1931 die Stelle antreten. Der Kunstverein war natürlich kein Vergleich zu einem Museum, aber Gurlitt fühlte sich sofort wohl in Hamburg. Die dortige Kunstlandschaft stand der Kunst der Moderne sehr aufgeschlossen gegenüber. Gurlitt war in seinem Element. Die vitale Künstlerszene Hamburgs nahm Gurlitt mit offenen Armen auf. Die Avantgarde sah in ihm ein Sprachrohr, denn in Deutschland erstarkten zunehmend jene Kräfte, die ihre Arbeit als „entartet" betrachteten. In der Hamburger Rabenstraße Nr. 25 entstand unter Gurlitts Leitung ein Künstlerzentrum, das vor allem jungen Künstlern ein Zuhause bot. In Hamburg blühte Gurlitt förmlich auf. Er organisierte Ausstellungen, veranstaltete Seminare und leitete Diskussionsrunden über verschiedene Kunststile der Moderne. Er nahm auch Kontakt zu ausländischen Künstlern und Museen auf, zeigte in seinen Ausstellungen englische und schwedische Werke. Dies rief wiederum völkisch-nationale Kreise auf den Plan, die erneut gegen ihn opponierten.

Am 28. Dezember 1932 wurde Hildebrand Gurlitt zum ersten Mal Vater. Seine Frau Helene brachte einen gesunden Sohn zur Welt, der auf den Namen Cornelius getauft wurde.

Die Machtübernahme der Nationalsozialisten am 30. Januar 1933 war ein schwerer Schlag für Gurlitts Ambitionen. Kunst wurde fortan nur noch nach ihrer möglichen politischen Aussage bewertet, die moderne Kunst der Avantgarde galt als „entartet". Die von Gurlitt geförderte Ausstellung der Hamburger Sezessionisten wurde geschlossen, da sie angeblich zur Förderung des „Kulturbolschewismus" beitrug. Diese Wortschöpfung war mittlerweile zum Totschlagargument im NS-Jargon geworden und basierte auf der irrwitzigen Idee einer vermeintlichen Verschwörung jüdischer Kunstschaffenden, welche auf die Zerstörung der deutschen Kultur abzielte.

Gurlitt wurde von den neuen Machthabern unmissverständlich aufgefordert, seine Ausstellungen im „deutschen Sinne“ zu veranstalten, für jüdische und „entartete“ Kunst sei kein Platz mehr im Lande. Zum Eklat kam es, als Gurlitt es ablehnte, über dem Haus des Hamburger Kulturvereins die Hakenkreuzflagge zu hissen. Das führte schließlich am 15. August 1933 zu seiner Entlassung.
Für Gurlitt gestaltete es sich zunehmend schwerer, eine neue Anstellung zu finden. Da seine Großmutter Jüdin war, blieben ihm nach den neuen Rassengesetzen verschiedene Stellen im öffentlichen Dienst versagt. Gezwungenermaßen arbeitete er deshalb vorübergehend wieder als Einkäufer für die Sammlung seines Freundes Kirchbach.
Da seine Abstammung ein weiteres Wirken in Museen oder an Hochschulen ausschloss, blieb Gurlitt nur der Handel, um in der Kunstszene weiterhin aktiv zu bleiben. Demzufolge beschloss er, sich als Kunsthändler selbstständig zu machen. Er gründete ein Geschäft in Hamburg und konnte sich dank seines guten Rufes als Sachverständiger für die Kunst der Moderne schnell einen großen Kundenstamm aufbauen. Wenn moderne Kunst auch in den Museen Deutschlands nicht mehr erwünscht war, gab es doch noch genügend Liebhaber, die für ihre privaten Sammlungen avantgardistische Kunst erwarben.
Am 1. März 1935 erblickte Töchterchen Renate das Licht der Welt. Wenig später öffnete das „Kunstkabinett Dr. H. Gurlitt“ seine Pforten. Es schien wieder aufwärts zu gehen mit dem ambitionierten Kunstsachverständigen aus Dresden.
Die erste Ausstellung in Gurlitts Galerie widmete sich „Werken lebender Künstler“, die ausnahmslos der Avantgarde angehörten, die inzwischen generell als entartete Kunst galt. Die im September 1933 auf Betreiben des „Reichsministers für Volksaufklärung und Propaganda“, Dr. Joseph Goebbels, ins Leben gerufene „Reichskulturkammer“ hatte mittlerweile ein scharfes Auge auf Gurlitt, ließ ihn jedoch zunächst gewähren. Dabei kamen ihm wiederum seine guten Kontakte in der Kunstszene zugute, da er die führenden Köpfe der Reichskulturkammer persönlich kannte.
Die von den Nationalsozialisten immer stärker verschärfte Gesetzesla-

ge in Deutschland zwang Gurlitt dazu, seiner Frau die Galerie zu überschreiben. Er fungierte nur noch als Geschäftsführer. Auch der Charakter der Verkaufsausstellungen änderte sich: Gurlitt bot nun auch Kunst vergangener Jahrhunderte an.

Da es für Juden in Deutschland zunehmend schwerer wurde, an öffentliche Einrichtungen Kunstgegenstände zu veräußern, betätigte sich Gurlitt als Zwischenhändler. Zu jener Zeit begann er wohl auch damit, günstig jüdisches Eigentum für seine Privatsammlung zu erwerben.

Für die Vertreter der modernen Kunst war es ebenfalls fast unmöglich geworden, ihre Kunst offiziell zu verkaufen. Auch hier sah Gurlitt seine Chance, für kleines Geld seine private Sammlung zu vergrößern, die er auch skrupellos nutzte.

Spätestens mit dem Jahr 1937 war es mit der doch noch irgendwie moderaten Kulturpolitik der Nationalsozialisten endgültig vorbei. Ende Juni begann ein beispielloser kulturpolitischer Feldzug, der sich in erster Linie gegen die Kunst der Moderne richtete. Nach einem entsprechenden „Führerbefehl“ ließ Reichspropagandaminister Goebbels in den Museen und Galerien des Landes alles beschlagnahmen, was als „entartet“ galt. In ganz Deutschland waren Galeristen, Kuratoren und Künstler verunsichert: Was durfte, was konnte man überhaupt noch ausstellen? Das waren die entscheidenden Fragen, die alles andere überschatteten. Im Juli 1937 gaben die Nationalsozialisten genau darauf eine Antwort. In der Münchner Ausstellung „Entartete Kunst“ standen stellvertretend für ähnliche, weitere und künftige Arbeiten all jene Werke am Pranger, die künftig in Deutschland unerwünscht waren. Am 25. Juli 1937 veröffentlichte die „Deutsche Allgemeine Zeitung“ eine Liste mit denjenigen Künstlern, die in der Ausstellung vertreten waren.

Damit stand Gurlitts Galerie praktisch vor dem Aus. Der Verkauf von moderner Kunst hatte bisher den Hauptteil seiner Einnahmen ausgemacht. Diesmal wollte er sich jedoch nicht von der völkisch-nationalen Obrigkeit in die Knie zwingen lassen. Vielmehr reifte in Gurlitt der Plan, die Aktion „Entartete Kunst“ als neue Geschäftsquelle zu nutzen. Er plante, sich als Verkäufer der beschlagnahmten Kunst an die Machthaber des „Dritten Reichs“ zu verdingen. So hoffte er, über diesen Weg

die von ihm wirklich geschätzten Werke vor der Vernichtung zu retten, gleichzeitig aber auch sein Auskommen zu sichern. Gurlitts löbliche Vorstellung, auch die enteigneten Künstler finanziell zu entschädigen, kehrte sich in den Folgejahren jedoch ins Gegenteil, da er zunehmend seinen eigenen privaten Vorteil sah und seine Sammlung moderner Kunst unrechtmäßig erweiterte.

Im August 1937 rollte eine zweite Beschlagnahmewelle über die Museen und Galerien in Deutschland hinweg. Ein ehemaliger Getreidespeicher in Berlin-Kreuzberg diente fortan als Lager für die nicht mehr „gesellschaftsfähigen" Kunstwerke.

Ab Frühjahr 1938 entschied eine eigens eingerichtete Kommission über die Verwertung der eingezogenen Kunstgegenstände. Etwa ein Drittel der Werke sollte als Propagandamittel und zu Schulungszwecken verwendet werden, ein weiteres Drittel wollten die Nationalsozialisten zur Devisenbeschaffung ins Ausland verkaufen. Das restliche Drittel sollte vernichtet werden. Insgesamt wurden 779 Gemälde und Plastiken sowie 3.500 Papierarbeiten für den Verkauf ausgewählt, die man im Schloss Schönbrunn im Norden von Berlin in einer provisorischen Verkaufsausstellung potenziellen Käufern und Händlern präsentierte.

Mittlerweile kamen auch für Gurlitt als „Vierteljuden" mütterlicherseits die verschärften Rassengesetze zum Tragen. Am 12. November 1938 erließ Reichsminister Hermann Göring die „Verordnung zur Ausschaltung der Juden aus dem deutschen Wirtschaftsleben". Damit schien für ihn zunächst auch die Betätigung als Kunsthändler im Dienste der Obrigkeit unmöglich geworden zu sein. In seiner Not verfasste er eine Erklärung an die Reichskulturkammer, in der er auf seine beruflichen wie militärischen Verdienste für Deutschland hinwies und seine Mitarbeit beim Verkauf der „entarteten Kunst" anbot. Weiterhin verwies er darauf, dass er „2 blonde, blauäugige, langschädlige Kinder"[7] habe.

Gurlitts Glück war es, dass er den Kunsthistoriker Rolf Hetsch zu seinen Freunden zählte, der mit dem Verkauf der „entarteten Kunst" betraut war. Schon eine Woche nach seiner Anfrage zwecks Mitarbeit wurde Hildebrand Gurlitt von Rolf Hetsch durch das Kunstdepot im Schloss Schönhausen geführt, wo er das zu diesem Zeitpunkt

noch komplette „Angebot“ in Augenschein nehmen konnte. Am 30. Juni 1939 durfte er dann bereits an der bis heute legendären Auktion für moderne Kunst im schweizerischen Luzern als Verkäufer für die Nationalsozialisten teilnehmen. Neben solcher Art Veranstaltungen nutzte Gurlitt seine guten Kontakte in der europäischen Kunstszene auch für Einzelverkäufe. Für jedes veräußerte Kunstwerk erhielt er eine Provision von 5 bis 25 Prozent vom Verkaufserlös, wovon er und seine Familie sehr gut leben konnten. Schnell wurde die Schweiz zum wichtigsten Handelsort. Speziell Georg Schmidt, der Direktor des Basler Kunstmuseums, kaufte ihm sehr viele Kunstwerke ab. Schmidt erwirkte sogar einen Sonderkredit, um mit Kunstwerken aus Deutschland eine Sammlung von Kunst der Moderne einzurichten. Es störte ihn wenig, dass die Werke aus Beschlagnahmen stammten oder viele Künstler ihre Kunstwerke auf politischen Druck hin veräußert hatten. Auch Gurlitt war das mittlerweile gleichgültig. Mit dem Verkauf eines einzigen Kunstwerkes verdiente er so viel wie ihm sein früheres Monatsgehalt als Museumsleiter eintrug. Er war zum Opportunisten geworden, der die Ideologie der Nationalsozialisten zwar innerlich ablehnte, sie aber für seinen persönlichen Vorteil weidlich ausnutzte.

Als die Aktion „Entartete Kunst“ im Sommer 1941 abgeschlossen war, stellte sich Gurlitt auch weiterhin in den Dienst der nationalsozialistischen Machthaber. Er übernahm die Entschädigung der Museen, die durch die Beschlagnahme der modernen Kunst zum Teil enorme Einbußen hatten hinnehmen müssen. Dabei entwickelte er ein raffiniertes Tauschgeschäft zwischen Propagandaministerium und Museen, das auch für ihn Gewinn abwarf.

Aus jener Zeit stammen auch Einträge in Gurlitts Geschäftsbüchern, die den privaten Erwerb von ganzen Kunstsammlungen von Privatpersonen nachweisen. Heute wird davon ausgegangen, dass diese Verkäufe unter Druck geschahen, da die Besitzer auf schnellstem Weg Deutschland verlassen wollten. So kaufte Gurlitt von der Sammlerin Martha Wuerst etwa 20 Gemälde, zum Teil aus dem 18. Jahrhundert, für lächerliche 2.120 Reichsmark, um diese seiner Privatsammlung zuzuführen. Damals erwarb Gurlitt jene Teile seiner privaten Sammlung, die später als „NS-geschädigt“ galten. Aus dem engagierten Kunstken-

ner, der die Kunst der Moderne fördern wollte, war ein hemmungsloser Sammler geworden, der die Not der Anderen ausnutzte.

Im Dezember 1941 wurde die Familie Gurlitt in Hamburg ausgebombt. Da die alliierten Bomber auch weiterhin regelmäßig Hamburg angriffen, schloss Hildebrand Gurlitt seine Galerie und kehrte mit der Familie nach Dresden zurück. Mehr schlecht als recht versuchte er, seine Familie in Dresden mit dem Kunsthandel durchzubringen. Dieses Einkommen versiegte spätestens im Frühjahr 1943 fast gänzlich, da es inzwischen in Deutschland keinen Markt mehr für moderne Kunst gab. Mittlerweile hatte Gurlitt bereits ein neues Betätigungsfeld als Chefeinkäufer für Hitlers „Führermuseum" gefunden. Im März 1943 trat der Wiesbadener Museumsleiter Hermann Voss die Stelle als Sonderbeauftragter für das „Führermuseum" an, da Hans Posse im Dezember 1942 an Krebs gestorben war. Anders als sein Vorgänger reiste Voss aber nicht selbst in die besetzten Gebiete, sondern verließ sich auf die von ihm beauftragten Experten und Einkäufer – Hildebrand Gurlitt war einer von ihnen. Gurlitt wurde mit genügend Geld ausgestattet und nach Frankreich geschickt. Auf Grund der dortigen Gesetzeslage durften die Sonderbeauftragten Kunstwerke von Privatpersonen nicht beschlagnahmen, sondern mussten diese zu angemessenen Preisen erwerben. Dank seiner Erfahrung als Kunsthändler gelang es Gurlitt, im Umland von Paris besonders günstig wertvolle Werke zu erwerben. Er entwickelte mit der Erlaubnis von Hermann Voss ein eigenes Handelskonzept, welches sehr einträglich war. Gurlitt trat in Frankreich als direkter Käufer auf und bezahlte die vergleichsweise preiswert erworbenen Kunstwerke zunächst aus eigener Tasche. In Deutschland verkaufte er sie dann mit einem Aufschlag an Voss. Mit diesem Geld konnte er wiederum Gemälde für seine Privatsammlung kaufen, welche er dann heimlich mit den Transporten des Sonderauftrages Linz nach Deutschland bringen ließ.

Inzwischen war der Zweite Weltkrieg in seine entscheidende Phase eingetreten. An allen Fronten wurde die Wehrmacht zurückgedrängt. Im Februar 1943 hatte Goebbels die Deutschen zwar zum „Totalen

Krieg“ aufgerufen, doch es wurde immer absehbarer, dass der Krieg für Deutschland verloren war.
Im Frühsommer 1944 liefen Gurlitts Geschäfte zunehmend schlechter. Im Juli begab er sich ein letztes Mal nach Paris, um Kunstwerke zu erwerben. Dort erreichte ihn vollkommen überraschend ein Einberufungsbefehl an die Front. Das Dritte Reich mobilisierte seine letzten Reserven, aber Gurlitt konnte durch Beziehungen seiner Einberufung entgehen, war er doch in offizieller Mission für den Führer unterwegs. Erst kurz vor der Befreiung von Paris am 25. August 1944 kehrte Gurlitt nach Dresden zurück. Dort warteten schon schlechte Nachrichten auf ihn. Seine Frau Helene war als Geschäftsführerin des familieneigenen Kunstkabinetts aufgefordert worden, den Betrieb auf Grund des totalen Kriegseinsatzes einzustellen. Im Schreiben der Reichskammer der bildenden Künste hieß es: „Sie sind verpflichtet, sich mit allen in Ihrem Betrieb beschäftigten Personen bis zum 10.09.1944 bei dem für Sie zuständigen Arbeitsamt zur Erfassung für den Kriegseinsatz zu melden. Das in ihrem Betrieb vorhandene Geschäftsinventar ist zur Ablieferung an noch zu bestimmende Zentralstellen bereitzuhalten.“[8]
Wieder einmal aber hatte Gurlitt Glück. Nur zwei Wochen nach Zustellung des Schreibens bewahrte ihn ein neuerlicher Erlass vor der Schließung seines Kunstkabinetts. Spätestens Ende 1944 ließ sich der Geschäftsbetrieb jedoch nicht mehr aufrechterhalten. Seine männlichen Angestellten wurden zum Volkssturm einberufen, die Frauen zum Sanitätsdienst oder zur Arbeit in Munitionsfabriken eingezogen.
Gurlitt hatte auf dem Gelände der elterlichen Villa in der Kaitzer Straße einen Luftschutzbunker anlegen lassen, in dem seine Familie den verheerenden Angriff angloamerikanischer Bomber am 13. und 14. Februar 1945 auf Dresden überlebte. Die Villa der Gurlitts war nach dem Bombardement allerdings nicht mehr bewohnbar. In weiser Voraussicht hatte Gurlitt seine private Kunstsammlung bereits im Frühjahr 1944 bei einem Fuhrunternehmer im zehn Kilometer von Dresden entfernten Possendorf eingelagert. Gurlitt überlegte fieberhaft, wie er seine Familie und seine Sammlung in Sicherheit bringen konnte. Die Angst vor den anrückenden sowjetischen Truppen saß tief. Gurlitt traf sich noch einmal mit seinem früheren Auftraggeber Voss, welcher

ihm riet, Dresden in Richtung Oberfranken zu verlassen, wo es noch relativ sicher sein sollte. Glücklicherweise hatte er in dieser Gegend einen langjährigen Geschäftspartner. Mit viel Überredungskunst und einer entsprechenden Summe Geld konnte er den Fuhrunternehmer überzeugen, seine Familie und die in 47 Kisten verpackte Sammlung mit einem LKW ins fränkische Ansbach zu bringen.
Der Herr auf Schloss Aschbach, Gerhard Freiherr von Pölnitz, staunte nicht schlecht, als Gurlitt nebst Familie mit Sack und Pack bei ihm auftauchte. Angesichts der prekären Lage bot er der Familie jedoch bereitwillig Unterkunft auf seinem Schloss an. Schon eine Woche später gelang es Gurlitt, für seine Familie ein kleines Haus ganz in der Nähe zu mieten, das für die nächsten drei Jahre ihr Zuhause werden sollte.
Anfang Mai 1945 nahmen amerikanische Truppen die Stadt Ansbach ein. In ihren Reihen befand sich auch der Kunstschutz-Offizier Captain Robert Kelly Posey, der auf das Aufspüren von Nazi-Beutekunst spezialisiert war.

Poscy ließ Hildebrand Gurlitt sofort verhaften, da jener auf einer Liste zu überprüfender Kunsthändler stand, die mit den Nationalsozialisten Geschäfte gemacht hatten.
Captain Posey verhörte Gurlitt immer wieder, da er sich sicher war, dass Teile seiner privaten Kunstsammlung aus Nazi-Beutekunst-Beständen stammten. Gurlitt beteuerte jedoch immer wieder, dass all seine Kunstwerke rechtmäßig erworben seien. Zu seinem Glück fungierte der Berliner Kunsthistoriker Erik Berger als Übersetzer, den Gurlitt durch seinen Cousin Wolfgang kannte. Gemeinsam konnten die beiden Männer Captain Posey weismachen, dass Gurlitt nur aus der Not heraus mit den Nazis paktiert hatte, die ihn ansonsten wegen seiner jüdischen Abstammung vielleicht sogar ermordet hätten. Der Kunstschutz-Offizier ließ sich schließlich überzeugen und entließ Gurlitt aus der Haft. Obwohl er immer wieder beteuerte, dass seine Sammlung rechtmäßig erworben war, wurden die Kunstwerke zur Begutachtung in das Landesmuseum Wiesbaden verbracht, wo sich eine Sammelstelle für Nazi-Beutekunst befand. Erst im Dezember 1950 sollte Hildebrand Gurlitt seine heißgeliebte Sammlung zurückerhalten.

In diesen fünf Jahren musste Gurlitt immer wieder Befragungen, Anhörungen und endlose Schriftwechsel zu seiner Sammlung, der Mitwirkung im Sonderauftrag Linz und bei der Veräußerung der beschlagnahmten entarteten Kunst über sich ergehen lassen. Um seine Zusammenarbeit mit den Nationalsozialisten herunterzuspielen, pochte er stets auf seine jüdische Abstammung und verwies darauf, dass er zu keinem Zeitpunkt Mitglied der NSDAP war. Da Gurlitt aber als Nutznießer des nationalsozialistischen Systems galt, erhob man im Juni 1947 Anklage gegen ihn auf Grundlage des „Kontrollratsgesetz zur Befreiung von Nationalsozialismus und Militarismus". Am 1. Oktober 1947 kam es zu einer Anhörung vor der zuständigen Spruchkammer. Im Rahmen dieser Anhörung gelang es Gurlitt, seine vermeintliche Unschuld zu beweisen und die Klage wurde fallengelassen. Hildebrand Gurlitt galt damit nun als entnazifiziert, hatte umgangssprachlich wieder eine „weiße Weste". Einem Neuanfang in der Kunstszene stand nichts mehr im Wege.

Da Gurlitts weiteres Wirken im Nachkriegsdeutschland für die hier vorliegenden Betrachtungen von geringerem Interesse ist, soll sein weiteres Leben nur noch kurz skizziert werden:

Bereits im Herbst 1945 begann Gurlitt vorsichtig, wieder Kontakt zur Kunstszene aufzunehmen. Allerdings reagierten seine früheren Kunden äußerst reserviert, da Gurlitt der Makel des NS-Nutznießers anhaftete. Auch sein Antrag auf Aufnahme in den Verband Norddeutscher Kunsthändler wurde abgelehnt. Gurlitt hatte gehofft, in seiner alten Heimat Hamburg erneut in den Kunsthandel einzusteigen. Doch überall wurden ihm nicht nur sprichwörtlich die „Türen vor der Nase zugeschlagen". Auch seine Versuche, in Hamburg oder Zwickau eine Museumsanstellung zu ergattern, scheiterten. Gurlitt blieb nun keine andere Möglichkeit mehr, als nach Dresden zurückzukehren, wo noch ein Teil seiner Verwandten lebte. Dort hatte sich mittlerweile seine bereits 86-jährige Mutter beim neuen Dresdner Kulturdezernenten Will Grohmann für ihren Sohn starkgemacht. Gurlitt hatte Glück und wurde für die erste „Allgemeine Deutsche Kunstaustellung" in Dresden engagiert. Er nahm seine Arbeit sehr ernst, wodurch ihm tatsächlich eine Renaissance

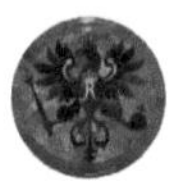

seiner Vorkriegs-Reputation in der deutschen Kunstszene gelang. Am 14. Januar 1948 trat Gurlitt die Stelle als Direktor des Düsseldorfer Kunstvereins an. Hier lief er zur Höchstform auf. Wie schon vormals im Hamburger Kunstverein organisierte er Ausstellungen und Seminare, hielt Vorträge und förderte junge Künstler. Neben seiner Arbeit im Kunstverein engagierte er sich bei der Rückgabe von NS-Beutekunst an ihre früheren Besitzer. Eine gewisse Portion Opportunismus kann hier wohl nicht geleugnet werden. Ob Gurlitt auch auf Grund von Schuldgefühlen mit den Alliierten zusammenarbeitete, sei dahingestellt. Am 15. Dezember 1950 erhielt er seine geliebte private Kunstsammlung zurück, an der er sich jedoch nur noch wenige Jahre erfreuen konnte. Am 9. November 1956 verstarb Hildebrand Gurlitt an den Folgen eines Autounfalls. Er liegt auf dem Düsseldorfer Nordfriedhof begraben.

KAPITEL II

Das Bernsteinzimmer

Das „achte Weltwunder“

Das Bernsteinzimmer im Jahr 1931

Zweifelsohne gehört das legendäre Bernsteinzimmer zu den bedeutendsten Beutestücken des NS-Kunstraubes im Zweiten Weltkrieg.

Der russische Kunsthistoriker Armin von Fölkersam fand im Jahre 1912 folgende treffenden Worte für das unvergleichliche Kunstwerk:

„Der Stil des Bernsteinzimmers von Zarskoje Selo ist ein Gemisch von Barock und Rokoko und ist ein wahres Wunder nicht nur durch den großen Wert des Materials, die kunstvolle Schnitzerei und Leichtigkeit der Formen, sondern hauptsächlich durch den schönen, bald dunklen, bald hellen Ton des Bernsteins, der dem ganzen Zimmer einen unaussprechlichen Reiz verleiht."[9]

Ein britischer Gesandter in Petersburg bezeichnete das Bernsteinzimmer gar als „achtes Weltwunder".

Am 18. Januar 1701 ließ Leopold I., Kaiser des Heiligen Römischen Reiches Deutscher Nation, den brandenburgischen Kurfürsten Friedrich III. zum preußischen König krönen. Der nunmehrige König Friedrich I., ein Freund von Kunst und Kultur, gedachte dieses Ereignis gebührend zu würdigen. Aus diesem Grund beauftragte er den dänischen Bernsteinschneider Gottfried Wolfram mit einer Wandtäfelung aus Bernstein für ein persönliches Kabinett des frischgebackenen Königs im Berliner Schloss. Anscheinend führte Wolfram sei-

Preußenkönig Friedrich I. ließ das Bernsteinzimmer anfertigen.

ne Arbeit nicht wie gewünscht aus, denn mit der Fertigstellung der Wandtäfelung wurden die Danziger Bernsteindrechsler Ernst Schacht und Gottfried Thurau beauftragt, die dem König Ende des Jahres 1711 das fertige Bernsteinkabinett präsentieren konnten.

Leider war es Friedrich I. nicht lange vergönnt, sich an dem unvergleichlichen Kunstwerk zu erfreuen, denn er verstarb bereits im Februar

Der russische Zar Peter I. erhielt das Bernsteinzimmer als Geschenk.

1713. Sein Sohn und Nachfolger, Friedrich Wilhelm I., hatte nichts für den Kunstsinn seines Vaters übrig. Ihm ging es in erster Linie um die militärische Macht Preußens. Um dafür Gelder freizusetzen, war dem neuen König jedes Mittel recht. So ließ er das königliche Tafelsilber einschmelzen, verkaufte den Krönungsmantel seines Vaters und ließ rigoros Hofämter abschaffen.

Im Jahr 1716 lud der preußische König den russischen Zaren Peter I. nach Berlin ein, um jenen für ein Bündnis gegen den schwedischen König Karl XII. zu gewinnen. Friedrich Wilhelm I. wollte mit russischer Hilfe Vorpommern zurückerobern, das seit dem Westfälischen Frieden von 1648, der den Dreißigjährigen Krieg beendet hatte, unter schwedischer Vorherrschaft stand. Peter I. war prinzipiell mit einem preußisch-russischen Militärbündnis einverstanden, machte jedoch unmissverständlich klar, dass er als Gegenleistung in erster Linie Wertgegenstände erwartete. Ihm hatte es besonders das Bernsteinzimmer angetan. Ohne zu zögern befahl der Preußenkönig die Demontage des Bernsteinzimmers. Sorgfältig in achtzehn Kisten verpackt, wurde die kostbare Wandvertäfelung im April 1717 von Berlin nach St. Petersburg gebracht.

In St. Petersburg wurde das Bernsteinzimmer zunächst im alten Winterpalais, sechs Jahre später dann im neuen Winterpalais installiert. Im Jahr 1755 fand dann der Umzug in das nach Versailler Stil umgebaute Katharinen-Palais in Zarskoje Selo, der Sommerresidenz der Zarenfamilie, statt. Allerdings war der vorgesehene Saal im Katharinen-Palais sechsmal so groß wie das Kabinett des Preußenkönigs im Berliner Schloss, für welches das Bernsteinzimmer ursprünglich gebaut wurde. Der mit dem Einbau beauftragte Hofarchitekt Carlo Rastrelli benötigte gemeinsam mit fünf Bernsteinschnitzern aus Königsberg acht Jahre für die Neugestaltung des Bernsteinzimmers. Es wurden 24 große venezianische Spiegel mit bernsteinverzierten Sockeln und vier florentinische Steinmosaikbilder in die bestehende Komposition eingefügt. Vergoldete Holzornamente an und über den weißen Türen fügten sich ebenso harmonisch in das Gesamtbild ein wie das Intarsienparkett mit Perlmutteinlagen. So blieb das Bernsteinzimmer zwar in seinem Ursprung erhalten, gleichzeitig entstand jedoch ein neues Kunstwerk.

„Die Deutschen kommen!“

Der Raub des Bernsteinzimmers durch die Wehrmacht

Mit dem Beginn des „Unternehmens Barbarossa“, dem Überfall auf die Sowjetunion, begann auch die systematische Plünderung der russischen Kunstschätze. Mitte Juli 1941 erreichte die Heeresgruppe Nord der Wehrmacht den Raum Sankt Petersburg. Während der Belagerung der Stadt waren Soldaten der Wehrmacht auch im Katharinen-Palais in Puschkin, dem früheren Zarskoje Selo, untergebracht. Im Tagebuch der 18. Armee ist dazu folgender Eintrag vermerkt:

„29. September 1941: Rittmeister Graf Solms, vom O.K.W. [Oberkommando der Wehrmacht] mit Erfassung der Kunstgegenstände in den Zarenschlössern beauftragt, bittet um Schutz für das Zarenschloß Puschkin, das durch Bombentreffer leicht zerstört und zur Zeit in vorderster Linie durch unachtsames Verhalten der Truppe gefährdet ist. Mit der Sicherung wird L.A.K. [50. Armeekorps] beauftragt.“

Erich Koch, Gauleiter von Ostpreußen

Im Tagebuch des 50. Armeekorps hieß es:
„01.10.1941 Krasnogwardeisk: Zur Sicherstellung der Kunstgegenstände im Befehlsbereich des L.A.K. sind vom A.O.K. [Armee-Oberkommando] 18 Rittmeister Dr. Graf Solms und Hauptmann Dr. Poensgen eingesetzt.“
„14.10.1941 Krasnogwardeisk: Abtransport der durch die Kunstsachverständigen Dr. Graf Solms und Hauptmann Dr. Poensgen in Gatschina und Puschkin sichergestellten Kunstgegenstände, u.a. der Wandverkleidung des Bernsteinsaales aus Schloss Puschkin (Zarskoje Selo), nach Königsberg.“[10]

Angemerkt sei, dass die Kunsthistoriker Ernstotto Graf zu Solms-Laubach und Hauptmann Dr. Georg Pönsgen zum Einsatzstab Reichsleiter Rosenberg gehörten und der 18. Armee der Heergruppe Nord unterstellt waren.

Das wertvolle Bernsteinzimmer im Katharinen-Palais war zunächst von den beiden Kunsthistorikern übersehen worden. Russische Kunstfreunde hatten es hinter dicken Pappwänden versteckt, da für Demontage und Abtransport auf Grund der anrückenden deutschen Truppen keine Zeit geblieben war. Entdeckt wurde die kunstvolle Wandvertäfelung nur zufällig von zwei Wehrmachtssoldaten, welche die Pappwände zum Feuermachen verwenden wollten. Glücklicherweise kam ein gewisser Hauptmann Hans Hunsdörfer unmittelbar nach der Entdeckung hinzu und konnte die Soldaten davon abhalten „Erinnerungsstücke“ aus der Bernsteinvertäfelung herauszubrechen.

Ernstotto Graf zu Solms-Laubach und Hauptmann Dr. Georg Poensgen waren begeistert von dem wertvollen Fund. Nach eingehender Untersuchung ließen sie die kostbare Wandvertäfelung von einem Unteroffizier und sechs Soldaten der 3. Kompanie des Nachschub-Bataillons 553 abmontieren und sorgfältig in Kisten verpacken. Anschließend wurde das Bernsteinzimmer auf Anweisung von Erich Koch, dem Gauleiter von Ostpreußen und seit September 1941 „Reichskommissar für das Reichskommissariat Ukraine“, nach Königsberg gebracht. Dort wurde die Verantwortung für das „achte Weltwunder“ dem Direktor der Kunstsammlungen Königsberg, Dr. Alfred Rohde, übergeben. Das Bernsteinzimmer wurde in einem eigens dafür hergerichteten Raum im dritten Stock des Königsberger Schlosses aufgebaut. Leider stellte

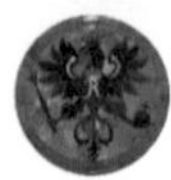

sich heraus, dass der Raum zu klein war, so dass die venezianischen Spiegel und die dazugehörigen Sockelplatten im Keller des Schlosses eingelagert wurden. Bis zum Frühjahr 1944 war das Bernsteinzimmer auch für die Öffentlichkeit zugänglich.

Am 27. und 29. August 1944 wurde Königsberg von verheerenden Luftangriffen der Alliierten heimgesucht, die auch das Schloss in arge Mitleidenschaft zogen. Glücklicherweise befand sich der Großteil des Bernsteinzimmers bereits sicher im Keller, so dass es weitgehend unversehrt blieb. Allerdings wurde nun ernsthaft darüber nachgedacht, das Bernsteinzimmer aus Sicherheitsgründen zu evakuieren. Mit Genehmigung des Gauleiters Erich Koch machte sich Rhode auf die Suche nach geeigneten Ausweichquartieren. Dieser entschied sich schließlich nach einer eingehenden Ortsbesichtigung für die Burg Kriebstein im sächsischen Zschopautal.

Nach seiner Rückkehr nach Königsberg am 8. Dezember 1944 organisierte Rhode den Abtransport des Bernsteinzimmers nach Sachsen. Von da an begann das Mysterium des verschwundenen Bernsteinzimmers, welches bis heute anhält.

Am 19. Dezember 1944 erreichten zwei mit Kunstgegenständen beladene Eisenbahnwaggons aus Königsberg den Bahnhof von Kriebstein. Zum Erstaunen der involvierten Mitarbeiter der Kriebsteiner Burgverwaltung befand sich das Bernsteinzimmer jedoch nicht darunter.

Spätestens ab diesem Zeitpunkt schien niemand mehr wirklich zu wissen, wo sich das Bernsteinzimmer befand.

Ein Zeitzeuge gab später an, er habe im Januar 1945 im Hof des zerstörten Schlosses von Königsberg Transportbehälter gesehen, die das Bernsteinzimmer enthielten. Das würde sich mit der Aussage der Tochter von Alfred Rhode decken, die behauptete, dass Mitte Januar 1945 Kisten vom Königsberger Schloss zum Bahnhof gebracht worden seien, welche möglicherweise das Bernsteinzimmer enthielten. Die Kisten seien in einen Zug verladen worden, der nach Westen fuhr. Allerdings war ein sicherer Transport zu diesem Zeitpunkt nicht mehr gewährleistet, da die Rote Armee bereits einen großen Teil Ostpreußens kontrollierte. Laut der Aussage einer Frau namens Brigitte Birnbaum sei jedoch am 24. Januar 1945 noch ein Zug aus Königsberg

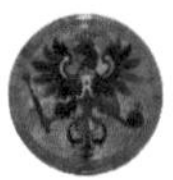

wohlbehalten im etwa 100 Kilometer entfernten Elbing angekommen, der Kisten mit Wertgegenständen enthielt. Laut Frau Birnbaum wurden die Waggons von Angehörigen der Feldgendarmerie entladen und die Fracht mit Lastkraftwagen weggeschafft. Ob es sich hierbei allerdings um Kisten mit dem Bernsteinzimmer handelte, ist ungewiss.
Andere Zeitzeugen behaupten, dass der bewusste Zug nach einiger Zeit beladen von Elbing nach Heiligenbeil zurückfuhr, da eine Weiterfahrt Richtung Westen auf Grund der chaotischen Frontlage unmöglich war. Die beiden Waggons mit den Kunstgegenständen wurden auf dem Bahnhof von Heiligenbeil abgekoppelt und auf einem Nebengleis abgestellt. Geschlagene zwei Wochen stand die wertvolle Fracht dort unbewacht, bis Alfred Rhode davon erfuhr, dass sein geliebtes Bernsteinzimmer Ostpreußen nicht verlassen hatte. In den immer stärker werdenden Wirren des Krieges, war es ihm in seiner Position nicht mehr möglich, die Evakuierung des Bernsteinzimmers voranzutreiben. In seiner Not wandte er sich an Gauleiter Erich Koch, der alles Notwendige organisierte, um den unwiederbringlichen Schatz vor den anrückenden Sowjets in Sicherheit zu bringen.
An dieser Stelle kam der mysteriöse SS-Standartenführer Karl Hubertus Graf Schimmelmann ins Spiel. Jener gehörte zum Stab des SS-Oberst-Gruppenführers Kurt Daluege und wurde für spezielle Kommandounternehmen eingesetzt. Da solche Unternehmen strengster Geheimhaltung unterlagen, ist so gut wie nichts über Schimmelmanns Einsätze im Zweiten Weltkrieg bekannt.
Laut Zeitzeugen trafen Anfang Februar 1945 SS-Standartenführer Schimmelmann und seine Männer mit vier Halbkettenfahrzeugen der Marke „Opel-Blitz-Maultier" am Bahnhof Heiligenbeil ein und begannen umgehend, die Kisten aus den zwei abgestellten Waggons auf ihre Fahrzeuge umzuladen. Wohin die Fahrt des Trosses, zu dem sich mittlerweile auch Alfred Rhode gesellt hatte, anschließend ging, ist ungewiss. Ein weiterer Zeuge berichtete von einem Militärkonvoi, der im betreffenden Zeitraum auf der Halbinsel Balga eintraf, die nur etwa 20 Kilometer von Heiligenbeil entfernt ist. Zu diesem Konvoi soll auch ein Zivilist gehört haben. Hier kann es sich durchaus um Alfred Rhode gehandelt haben, der die Männer von SS-Standartenführer Schimmel-

mann begleitete. Ob der Konvoi tatsächlich das Bernsteinzimmer transportierte, um es auf der Halbinsel Balga zu verstecken, wie einige ansässige Heimatforscher vermuten, ist nicht zweifelsfrei nachzuweisen.
Im Zusammenhang mit Schimmelmanns geheimnisumwitterten Kommandounternehmen gibt es noch andere Hinweise.
So behauptete ein Mitarbeiter des Kaiser-Friedrich-Museums in Posen, dass zur Jahreswende 1944/45 mehrere Fahrzeuge vom Typ „Opel-Blitz-Maultier" beim Museum eingetroffen seien, deren Ladung mit Segeltuch abgedeckt war. Er sei dann mit dem früheren Oberstudienrat und jetzigen Museumsleiter Dr. Siegfried Rühle und einem hochrangigen Offizier nach Paradies gefahren, einem kleinen Ort mit Bahnanschluss in der Nähe von Posen. Der Konvoi folgte ihnen. Während der Fahrt sprachen die beiden Männer darüber, ob man die „Bernsteinkapelle" nicht auch in einem Salzbergwerk lagern könne. In Paradies wurde die Ladung der Militärfahrzeuge, die aus mehreren bis zu zwei Meter langen Holzkisten, welche die Aufschrift „Königsberg" trugen, schließlich in einen Eisenbahnwaggon geladen. Wiederum ist der Wahrheitsgehalt nicht zweifelsfrei nachweisbar.
Schließlich gibt es auch noch die Geschichte des russischen Unterleutnants Dmitri Jefimowitsch Gruba von der 5. Sowjetischen Panzerarmee, der am 23. Februar 1945 bei einem Angriff auf Tolkemit mit seiner Einheit einen Tross mit sechs Schlitten im zugefrorenen Haff versenkt haben will. Ein überlebender Zivilist, der zu diesem Tross gehörte, sagte zu Unterleutnant Gruba, er habe soeben das Bernsteinzimmer versenkt. Jahrzehnte später, im Sommer 1988, war Major a. D. Gruba an einer offiziellen Suchaktion im Frischen Haff beteiligt. Gefunden wurde nichts.
Bis heute halten sich hartnäckig die Vermutungen, das Bernsteinzimmer sei nach Thüringen gebracht worden und bis heute in einem sicheren Versteck verwahrt. In diesem Zusammenhang wird immer wieder davon gesprochen, Gauleiter Erich Koch habe das Bernsteinzimmer mitsamt seiner Privatsammlung aus Königsberg herausgebracht.
Da Koch neben seiner Tätigkeit als Gauleiter von Ostpreußen auch als Reichskommissar der Ukraine fungierte, nutzte er die Möglich-

keit, in Kirchen, Museen und Schlössern eine ungeheure Menge an Gemälden, Gobelin, Silberarbeiten und Kirchenreliquien zusammenzuraffen. Dieses Raubgut bezeichnete Koch unverfroren als seine „Privatsammlung".

Über die genauen Umstände der Verlegung des Bernsteinzimmers und der Sammlung von Koch gibt es die verschiedensten Vorstellungen. Ziemlich einig ist man sich allerdings darin, dass in Potsdam ein Transport zusammengestellt wurde, der aus den Särgen von Reichspräsident Hindenburg und dessen Frau, den Preußenkönigen Friedrich Wilhelm I. und Friedrich II., Teilen von Kochs „Privatsammlung" und eben dem Bernsteinzimmer bestand. Hier kommt auch wieder der bereits erwähnte geheimnisvolle SS-Standartenführer Schimmelmann ins Spiel, der das Bernsteinzimmer und Kochs Sammlung von Stettin nach Potsdam gebracht haben soll. Wahrheitsgehalt wieder einmal unbewiesen.

Der bewusste Transport wurde dann mit der Reichsbahn zunächst ins thüringische Weimar gebracht. Das scheint logisch, da der „Schutz- und Trutzgau" Thüringen das letzte Bollwerk des Dritten Reiches werden sollte. In Weimar wurde der Transport getrennt. Die beiden Särge fanden amerikanische Soldaten im Kalibergwerk Bernterode, die Privatsammlung von Gauleiter Koch blieb bis auf wenige Stücke verschollen. Das Bernsteinzimmer selbst soll im Schloss Reinhardsbrunn zwischengelagert worden sein. Danach verliert sich seine Spur.

Von russischer Seite wurden nach dem Ende des Zweiten Weltkrieges enorme Anstrengungen unternommen, das verschollene Bernsteinzimmer wiederzufinden. Das Kunstwerk galt als Synonym für den Kunstraub der deutschen Nationalsozialisten, seine Rückführung nach St. Petersburg hätte auch so etwas wie einen kulturellen Sieg über Deutschland bedeutet. Die zuständigen Behörden waren sich nach umfangreichen Recherchen sicher, das Bernsteinzimmer habe den Raum Königsberg niemals verlassen. Grund für diese Annahme war die Vermutung, für das Bernsteinzimmer hätten die gleichen Sicherheitsbestimmungen gegolten wie für alle Kunstschätze aus Königsberg. Nach den verheerenden Luftangriffen angloamerikanischer Bomber im Sommer 1944 waren allgemeine Evakuierungsmaßnahmen für die Kunstsammlungen der Stadt angeordnet worden.

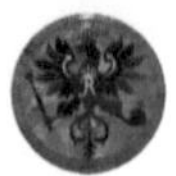

Die sowjetischen Ermittler konzentrierten sich auf drei verheißungsvolle Spuren, die zum verschollenen Bernsteinzimmer führen sollten.
Eine der bekannten Auslagerungsstätten für die Königsberger Kunstschätze war das Schloss Wildenhoff des Grafen Schwerin, welches Alfred Rhode persönlich ausgesucht hatte. Im Herbst 1944 wurden zahlreiche Kisten mit Gemälden und Ikonen nach Schloss Wildenhoff gebracht und fachgerecht eingelagert. Dafür zuständig war die von Gauleiter Koch persönlich beauftragte Kunstwissenschaftlerin Polina Arkadijewna Kulshenko. Diese erinnerte sich an einen am 14. November 1944 eintreffenden Transport, der von Alfred Rhode und einem Trupp schwer bewaffneter SS-Männer begleitet wurde. Rhode ließ die mitgebrachten Kisten in einem separaten Kellerraum des Schlosses einlagern, ohne die Kunstwissenschaftlerin über den Inhalt zu informieren. Ende Januar 1945 ließ sie einen Teil der eingelagerten Kunstschätze von einer SS-Einheit fortschaffen, welche die Kisten in einem nahegelegenen See versenkt bzw. in der näheren Umgebung vergraben haben soll. Danach zündeten die SS-Männer das Schloss an. Ein gewisser Gustav Adolf Richter aus Neuss behauptete später, Rhode hätte ihm im Juni 1945 erzählt, das Bernsteinzimmer sei bei diesem Brand vernichtet worden. Im Jahr 1960 untersuchte eine polnische Kommission im Auftrag der russischen Ermittler die Ruinen von Schloss Wildenhoff. Hinweise auf das Bernsteinzimmer wurden nicht gefunden.
Eine zweite „heiße" Spur ergab sich aus dem Frontverlauf im Raum Königsberg zu Beginn des Jahres 1945. Am 12. Januar hatte die Sowjetarmee eine Großoffensive gestartet, welche alle bisherigen Auslagerungsorte für die Königsberger Kunstschätze vom deutschen Zugriff abschnitt. Ab diesem Zeitpunkt geriet die nordwestlich von Königsberg gelegene Halbinsel Samland in den Fokus der zuständigen deutschen Stellen. Die Ermittler erhielten bei ihren Recherchen verschiedene Hinweise auf das Gut Groß-Friedrichsberg nahe der Ortschaft Metgethen.
Ab Februar 1945 verlief die Front nur wenige Kilometer von Gut Groß-Friedrichsberg entfernt, wo aus diesem Grund zeitweilig das

Königsberger Festungsregiment in Stellung lag. Ein Angehöriger dieses Regimentes berichtete nach dem Krieg von einer Vielzahl von Kisten, die im Gutshaus untergebracht waren. Mehrere Offiziere sollen eine der Kisten geöffnet haben, die angeblich mit Teilen des Bernsteinzimmers gefüllt waren. Selbst gesehen habe der Mann die Kunstwerke zwar nicht, er erinnerte sich jedoch an die überschwänglichen Erzählungen seiner Vorgesetzten über die Schönheit der Bernsteinarbeiten. Laut eines anderen Hinweises mussten Kriegsgefangene der Roten Armee auf dem weitläufigen Gelände des Gutes unterirdische Verstecke anlegen, in welche dann die Kisten aus dem Gutshaus gebracht wurden. Einer von ihnen konnte den Ermittlern sogar solch ein Versteck zeigen, das jedoch leer vorgefunden wurde. Hatte sich das Bernsteinzimmer tatsächlich auf Gut Groß-Friedrichsberg befunden und war danach an einen unbekannten Ort geschafft worden? Darauf fanden die russischen Ermittler keine befriedigende Antwort.

Die dritte Möglichkeit basiert auf der Annahme der Ermittler, dass Alfred Rhode Königsberg nicht verließ, weil er seinen „Schatz" bewachen wollte. Mehrere Zeugen behaupteten, das Bernsteinzimmer hätte sich bis wenige Tage vor der Kapitulation noch im Schloss befunden. An erster Stelle sei hier Alfred Feierabend genannt, welcher die im Königsberger Schloss beheimatete Gaststätte „Blutgericht" betrieb. Feierabend war sich sicher, dass die bis kurz vor der Kapitulation im „Blutgericht" gelagerten Kisten das Bernsteinzimmer enthielten. Darüber habe er auch mit Gauleiter Koch gesprochen, der regelmäßig in diesem Lokal verkehrte. Koch war es auch, der während seiner Haft im Jahre 1965 behauptete, das Bernsteinzimmer sei in einem Bunker am Rande von Königsberg versteckt. Letztlich war es Wolfgang Rhode, der Sohn des Königsberger Museumsdirektors, der davon überzeugt war, dass sich sein Vater nie vom Bernsteinzimmer getrennt hätte. Vielmehr habe er es in geheimen Kellerräumen des Schlosses sicher versteckt. Alles Suchen der Ermittler in den Ruinen des Schloss Königsberg ergab jedoch keine Hinweise auf den Verbleib des Bernsteinzimmers.

Zusammenfassend kann damit festgehalten werden, dass spätestens seit Ende Januar 1945 das Schicksal des Zimmers ungewiss ist.

KAPITEL III

Auf der Jagd nach dem Bernsteinzimmer

Paul Enke und die „Operation Puschkin“

Operation Puschkin“ war die Tarnbezeichnung des Ministeriums für Staatssicherheit (MfS) der DDR für die Suche nach dem verschollenen Bernsteinzimmer. Geleitet wurde die Operation von Oberstleutnant Dr. Paul Enke von der Abteilung HA VIII/8, der Anfang der 1970er Jahre mit der Suche nach dem „achten Weltwunder“ begann. Die „Operation Puschkin“ kostete das MfS an die sechs Millionen DDR-Mark. An rund 130 Orten suchten Enke und seine Mitarbeiter nach dem Bernsteinzimmer. Bei etwa 30 Stellen wurden umfangreiche Grabungen mit zum Teil schwerem technischen Gerät und mit bis zu einhundert Hilfskräften durchgeführt.

Als sogenannter Offizier im besonderen Einsatz arbeitete Enke in verdeckter Mission. Eine eigens für diese Operation angelegte Legende ließ Enke als untergeordneten Mitarbeiter der Archivverwaltung des Ministeriums des Inneren auftreten, der sich aus privatem Interesse für das Bernsteinzimmer interessierte. Sein unauffälliges Äußeres, gepaart mit höflichem Auftreten wirkte auf die Mitmenschen durchaus vertrauenerweckend. Über Enkes tatsächlichen Werdegang ist nur wenig bekannt. Er hatte Dreher gelernt und sich nach Ausbruch des Zweiten Weltkrieges freiwillig zur Wehrmacht gemeldet. Während der russischen Kriegsgefangenschaft will Enke zum ersten Mal vom Bernsteinzimmer gehört haben. Nach seiner Rückkehr aus der Gefangenschaft ging er zur Volkspolizei, holte sein Abitur nach, studierte Jura und promovierte. Eine Karriere ganz nach dem Geschmack der sozialistischen Machthaber, die den engagierten Enke, der sich selbst erfolgreich entnazifiziert hatte, für die Staatssicherheit rekrutierten.

Obwohl alle relevanten Verlagerungsorte auf dem Gebiet der DDR gleich nach dem Ende des Zweiten Weltkrieges von Kunstoffizieren

der Roten Armee nach Beutekunst abgesucht worden waren, ließ es sich Paul Enke gemeinsam mit seinen Mitarbeitern der Operation Puschkin nicht nehmen, alle möglichen Verstecke des Bernsteinzimmers zu inspizieren. In Mecklenburg gerieten verschiedene Anwesen von Martin Bormann, zuletzt Leiter der Partei-Kanzlei der NSDAP im Rang eines Reichsministers und ein wichtiger Vertrauter Hitlers, in den Fokus der Ermittlungen. Auch das Gut des Bruders von Dr. Hellmuth Will, dem Oberbürgermeister von Königsberg, wurde untersucht, da bekannt war, dass kurz vor Kriegsende die Vermögenswerte der Familie dorthin verbracht wurden. Auch ein Anwesen von Gauleiter Erich Koch in Mecklenburg wurde zielgerichtet inspiziert. Alles ohne Erfolg.
Da sich das Bernsteinzimmer vermutlich einige Zeit im Raum Thüringen befand, legten die Mitarbeiter der Operation Puschkin bei der dortigen Suche besondere Sorgfalt an den Tag. Monatelang wurden alle hiesigen Archive nach Hinweisen durchforstet.
Enke fand einen Anhaltspunkt darauf, dass 1945 Transporte aus Ostpreußen beim Kyffhäuser eingetroffen und in Höhlen versteckt worden seien. Aber auch dort wurden die ostdeutschen Ermittler nicht fündig. Ebenso lief es im Jonastal bei Arnstadt. Dort wurde ab Anfang 1944 mit Häftlingen aus dem Konzentrationslager Buchenwald eine großangelegte unterirdische Stollenanlage mit dem Decknamen „S III" errichtet. Da die Anlage als Führerhauptquartier für den Endkampf um das Deutsche Reich gedacht war, vermutete Paul Enke, das Bernsteinzimmer sei möglicherweise hier untergebracht. Bei den Nachforschungen in Thüringen entdeckten die Mitarbeiter der Operation Puschkin eine Unmenge an Devisen, Gold und Beutekunst aus dem Dritten Reich. Das Bernsteinzimmer war allerdings nicht mit dabei.
Danach wurde die Suche in Sachsen intensiviert. Paul Enke konzentrierte sich dabei zunächst auf die von Alfred Rhode geplante Einlagerung von Königsberger Kunstschätzen auf der Burg Kriebstein. Er rekonstruierte Rhodes Reise nach Sachsen, glaubte Unregelmäßigkeiten im Zeitplan zu entdecken. Letztendlich erwies sich diese Spur ebenfalls als Sackgasse.
Weiterhin wurden unter anderem die Augustusburg, das Schloss

Wechselburg, die Albrechtsburg in Meißen, das Schloss Sachsenburg, das Schloss Hartenstein sowie das Rittergut Großgrabe bei Kamenz durchsucht. Vom Bernsteinzimmer aber auch keine Spur.
Da Enke und seine Mitstreiter nach den jahrelangen Fehlschlägen eine überirdische Einlagerung mittlerweile ausschlossen, konzentrierte man sich in der Folgezeit auf Bergwerksstollen, verlassene Minen und Höhlen. Die Ermittler arbeiteten akribisch die Akten der sächsischen Bergwerke durch und sprachen mit Bergleuten, die in schon lange geschlossenen Minen gearbeitet hatten. Besonderes Augenmerk legte Chefermittler Paul Enke auf das Kaolinbergwerk „Weiße Erde" in Aue, auch als „Weißerdenzeche St. Andreas" bekannt. Von Herbst 1985 bis Frühjahr 1987 wurde der zum Teil eingestürzte Stollen mit Schweizer Spezialbaggern wieder zugänglich gemacht. Die gesamte Aktion kostete an die zwei Millionen DDR-Mark, aber außer einigen Bergwerkswerkzeugen und vermoderter Arbeitsbekleidung für Bergleute wurde auch hier nichts gefunden.
Am 20. November 1987 startete Paul Enke seine letzte Mission zur Wiederentdeckung des Bernsteinzimmers. Aus Wermsdorf nahe der Stadt Oschatz war die Nachricht gekommen, im dortigen Schloss Hubertusburg sei man bei Sanierungsarbeiten auf eine mysteriöse Mauer gestoßen, für die es keine logische Erklärung gab. Vor Ort stellten Enke und seine Mitarbeiter fest, dass es sich lediglich um einen zugemauerten Fahrstuhlschacht handelte und reisten enttäuscht wieder ab.
Am 7. Dezember 1987 starb Paul Enke an den Folgen eines Herzinfarktes. Sein Vermächtnis legte er in dem Buch „Bernsteinzimmer-Report" nieder, welches 1986 erstmals erschien und wichtige Hinweise zum Verbleib des Bernsteinzimmers lieferte.
Nach jahrelangen Recherchen war sich Enke sicher, dass das Bernsteinzimmer noch vor der Kapitulation Königsbergs aus der Stadt nach Westen gebracht worden sei. Seine Indizienkette reichte von Königsberg über Emden, Potsdam, Weimar bis in das erzgebirgische Aue, wo sich die Spur allerdings verlor.
Die These, das Bernsteinzimmer habe Königsberg nie verlassen, fußte auf der Tatsache, dass sein „Hüter", Alfred Rhode, die Stadt vor der

Kapitulation nicht verlassen habe. Paul Enke lehnte diese Annahme aber vehement ab, denn es war bekannt, dass Rhode zu jener Zeit bereits ein schwerkranker Mann war, dessen gesundheitlicher Zustand eine Flucht unmöglich machte. Enke war sich sicher: Das Bernsteinzimmer wurde noch vor Ende Januar 1945 aus der Stadt gebracht. Laut seiner Recherchen war dies auf Grund des Kriegsgeschehens noch ohne weiteres möglich. Da der Frontverlauf in den öffentlich zugänglichen Quellen nicht exakt und vollständig dokumentiert ist, behaupten selbsternannte Experten bis heute, eine Evakuierung des Bernsteinzimmers sei nicht mehr möglich gewesen. Aufgrund seiner beruflichen Verbindungen mit den zuständigen sowjetischen Stellen konnte Enke jedoch zweifelsfrei nachweisen, dass die Verbringung des Bernsteinzimmers Ende Januar 1945 eben doch noch möglich war.

Der „Offizier im besonderen Einsatz" ging davon aus, dass das Bernsteinzimmer Königsberg möglicherweise auf dem Seeweg verlassen hat. In der Nacht vom 22. auf den 23. Januar 1945 wurden die aus Tannenberg geretteten Särge des Reichspräsidentenehepaares im Beisein von Kriegsberichterstattern der Propagandakompanien im Hafen von Königsberg auf den Kreuzer „Emden" verladen. Diese öffentliche Inszenierung wurde jedoch nur aus Prestigegründen durchgeführt. Die „Emden" war auf Grund von Ersatzteilmangel nur bedingt seetüchtig, so dass die wertvolle Fracht nicht wirklich sicher war. Abseits des Medientrubels wurde die Fracht der „Emden" dann auf das Passagierschiff „Pretoria" umgeladen. Ein Mitglied des Verladetrupps gab später an, dass auch eine große Menge an Holzkisten auf der „Pretoria" untergebracht wurde. Paul Enke war sich sicher, dass es sich dabei um die Privatsammlung von Gauleiter Erich Koch und das Bernsteinzimmer handelte. Die Fahrt der „Pretoria" führte nach Stettin, von wo aus die Fracht zunächst mit der Reichsbahn nach Potsdam ging. Wie schon erwähnt, wurden hier die Särge der Familie Hindenburg und der Preußenkönige, die Privatsammlung von Gauleiter Koch und möglicherweise auch das Bernsteinzimmer zu einem Bahntransport zusammengestellt, der in den Schutz-und Trutzgau Thüringen geschickt wurde. Auf dem Bahnhof des Konzentrationslagers Buchenwald wurde der Transport aufgegliedert und die einzelnen Posten zu verschiedenen

Verstecken in Marsch gesetzt. Für das Bernsteinzimmer soll es das Schloss Reinhardsbrunn gewesen sein. Laut Aussagen des Hauspersonals sollen sich im Frühjahr 1945 für mehrere Wochen Kisten mit Bernsteinarbeiten zur Einlagerung im Schloss befunden haben. Auf dem Dachboden des Schlosses wurden später Bernsteinplatten entdeckt, die möglicherweise zum Bernsteinzimmer gehörten. Laut Enkes Recherchen wurde das Bernsteinzimmer um den 5. April 1945 herum von einer SS-Einheit mit Lastwagen wieder zurück nach Weimar gebracht. Dabei muss eine der Kisten zerbrochen sein, denn zwischen den Pflastersteinen der Einfahrt von Schloss Reinhardsbrunn fanden sich Jahre später noch Reste von zertretenem Bernstein.
Über den weiteren Verbleib des Bernsteinzimmers konnte der „Spürhund" des MfS nur mutmaßen. Laut seinen Berechnungen, die Frontverlauf und tägliche Reichweite der Lastwagen miteinschlossen, kam er zu der Ansicht, das Bernsteinzimmer müsse sich letztendlich im Raum Aue befinden. Befeuert wurde diese Vermutung von den Aussagen eines gewissen Rudolf Wyst, der sich auf den Aufruf der Zeitschrift „Freie Welt" hin im Jahre 1959 meldete, die Informationen über das verschollene Bernsteinzimmer suchte. Wyst wusste eine ganz außergewöhnliche Geschichte zu erzählen.
Seine Familie stammte ursprünglich aus Königsberg, war aber im Herbst 1944 ins erzgebirgische Crimmitschau gezogen. Vater Gustav Wyst, der es in der SS bis zum Dienstgrad eines Sturmbahnführers gebracht hatte, erschien im Februar 1945 ganz überraschend in ziviler Kleidung zu Hause und verhielt sich merkwürdig. Kurz nach seinem Auftauchen verschwand er zunächst wieder für etwa zehn Tage. Als später amerikanische Truppen in Crimmitschau erschienen, sprach Gustav Wyst mit einigen Offizieren und wies Schriftstücke vor, nach deren Lektüre die Familie trotz seiner SS-Zugehörigkeit nicht mehr behelligt wurde. Im Februar 1946 zog die Familie dann nach Bad Schlema, nahe der Stadt Aue. Gustav Wyst verstarb bereits im Oktober 1947. Unter seinen Hinterlassenschaften entdeckte Sohn Rudolf eine Kartentasche, welche dienstliche Dokumente aus der Zeit des Krieges enthielt. Nach eingehendem Studium der Unterlagen verbrannte Rudolf Wyst die Dokumente, da er Repressalien durch die sowjetischen

Besatzer fürchtete. Bis zu der Artikelserie in der „Freien Welt" hatte Rudolf Wyst nicht gewusst, dass das Bernsteinzimmer, das er einmal als kleiner Junge im Königsberger Schloss gesehen hatte, als verschollen galt. Aber er erinnerte sich, dass er in den Dokumenten seines Vaters einmal etwas über das Bernsteinzimmer gelesen hatte. Die „Freie Welt" informierte die zuständigen Besatzungsbehörden in der DDR, die Rudolf Wyst nach Kaliningrad, dem früheren Königsberg, bringen ließen. Die dortigen Ermittler unterzogen ihn eingehender Befragungen. Er gab zu Protokoll, an welche Details in den Dokumenten seines Vaters er sich erinnerte. Von einer russischen Stenotypistin auf einer Schreibmaschine niedergeschrieben, ergaben sich rückübersetzt ins Deutsche folgende Texte:

1. „Befehl an Sturmbahnführer Wyst: Voraussichtlich gilt für Königsberg Unternehmen Grün. Deshalb haben Sie die Aktion Bernsteinzimmer durchzuführen und es in das bekannte BSCH zu bringen. Nach Ausführung der Operation sind Zugänge zu tarnen und Gebäude zu sprengen."
2 „An Transportführer. 30 Kisten Bernsteintafeln und Kisten der Bernsteinsammlung laut Befehl des RSHA [Reichssicherheitshauptamt] übergeben. Unterschrift der Wache. Transport empfangen: Gustav Wyst"
3. „An Reichssicherheitshauptamt: Befehl ausgeführt. Aktion Bernsteinzimmer beendet. Zugänge befehlsgemäß getarnt. Sprengung erfolgt. Opfer durch Feindtätigkeit. Melde mich zurück. Gustav Wyst"

Im Rahmen der Befragungen haben sich auch Psychologen des sowjetischen Geheimdienstes KGB mit der Person des Rudolf Wyst befasst und befanden ihn für durchaus glaubwürdig. Einzig die als abwegig eingestufte Unterschrift der Dokumente mit Vor- und Familiennamen, üblich wäre „Wyst, Stubaf." gewesen, wurde angezweifelt. Dieser Umstand wurde letztendlich dem jugendlichen Alter von Rudolf Wyst geschuldet, der die Dokumente im Alter von dreizehn Jahren gelesen hatte. Das größte Rätsel der Aussage von Rudolf Wyst gab jedoch das Kürzel BSCH auf. Paul Enke, der sich im Rahmen der Operation Puschkin mit der Angelegenheit beschäftigte, ging davon aus, dass

damit die Ortschaft Bad Schlema gemeint war. Das passte perfekt in Enkes Indizienkette, die das Bernsteinzimmer in der Gegend um die Stadt Aue verortete. Bad Schlema liegt nur wenige Kilometer von Aue entfernt. Enke befragte Angehörige der Familie Wyst ausführlich und kam zum Schluss, dass die Aussagen von Rudolf Wyst glaubhaft waren. Wenn Wysts Aussagen tatsächlich der Wahrheit entsprachen, liegt die Vermutung nahe, dass der „Umzug", die Verlagerung des Bernsteinzimmers, von langer Hand geplant war. Es hat den Anschein, dass die Familie Wyst auf dienstlichen Befehl hin nach Sachsen ins Erzgebirge zog. Gustav Wyst war zunächst für die sichere Einlagerung des Bernsteinzimmers verantwortlich und fungierte anschließend als „Gralswächter" für das bedeutendste Stück Beutekunst der Nationalsozialisten auch über den Krieg hinaus. Dass Gustav Wyst bereits 1947 starb und das mögliche Wissen um den Aufbewahrungsort des Bernsteinzimmers mit ins Grab nahm, konnten seine Auftraggeber natürlich nicht ahnen.

Es gibt noch ein weiteres wichtiges Indiz, das im Zusammenhang mit Paul Enkes Schlussfolgerungen einen möglichen Verbleib des Bernsteinzimmers im Raum Aue vermuten lässt. Im April 1945 schlug ein Bautrupp der Organisation Todt im sogenannten Poppenwald sein Lager auf, der an die Ortschaft Wildbach grenzt, die wiederum nur wenige Kilometer von Bad Schlema entfernt ist. Die „Organisation Todt", kurz „OT", war eine paramilitärische Bauorganisation, die 1938 vom Bauingenieur Fritz Todt, dem Reichsminister für Bewaffnung und Munition, gegründet wurde und nach dessen Tod dem Rüstungsminister Albert Speer unterstand. Die Idee zum Aufbau einer militärisch organisierten Bauorganisation stammte von Adolf Hitler selbst, der damit Fritz Todt beauftragte. Todt hatte bereits beim Bau der Autobahnen in Deutschland hervorragende Arbeit geleistet. Die wohl bekanntesten Baumaßnahmen der Organisation Todt waren der Westwall und das Führerhauptquartier Wolfsschanze. Die Bauorganisation wurde auch für kleine Vorhaben eingesetzt wie eben im erzgebirgischen Poppenwald.

Zeitzeugen berichten von streng bewachten Erdarbeiten, die dort kurz vor Kriegsende vorgenommen wurden. Was wurde zu jenem Zeit-

punkt in dieser kriegsunwichtigen Gegend von der Organisation Todt noch gebaut? Eine militärische Anlage wohl kaum, dafür war es zu spät. Vielleicht sollte aber etwas versteckt werden, was den anrückenden Alliierten um keinen Preis in die Hände fallen sollte. Baute die OT etwa ein Versteck für das Bernsteinzimmer? Der Privatdetektiv Dietmar B. Reimann aus Großpösna war sich dessen sicher und suchte jahrelang im Poppenwald nach dem „achten Weltwunder".

Dietmar B. Reimann und der Poppenwald

Dietmar B. Reimann, gebürtiger DDR-Bürger, hatte sich nach der Wiedervereinigung Deutschlands als Privatdetektiv mit eigener Detektei im sächsischen Leipzig eine neue Existenz aufgebaut. Im Mai 1994 wurde Reimann von seinem Partner, dem ehemaligen Diplomkriminalisten Peter Rau, ein möglicher Auftrag in Aussicht ge-

Bergwerksstollen im Poppenwald

stellt, welcher sein Leben von Grund auf verändern sollte. Auftraggeber war ein gewisser Horst Schmidt, der es jedoch ablehnte, im Büro der Detektei zu erscheinen, und stattdessen ein Treffen am Leipziger Völkerschlachtdenkmal vorschlug. Insgeheim schmunzelte Reimann über die konspirative Vorgehensweise des Mannes und wurde nicht enttäuscht. Die an eine Verkleidung erinnernde Aufmachung von Schmidt mit langem Mantel und Lederhut, dazu die Körperhaltung und sein Gebaren erinnerten Reimann an einen Geheimdienstmitarbeiter. Derartige Typen hatte er während seiner Dienstzeiten als Ma-

Der sogenannte Reimannfelsen im Poppenwald bei Bad Schlema

trose der Handelsmarine und Pionieroffizier der Nationalen Volksarmee in der DDR zur Genüge kennengelernt. Tatsächlich stellte sich jener Horst Schmidt als ehemaliger Oberstleutnant des MfS vor.
Eigenen Angaben zufolge hatte er zum Stab von Paul Enke gehört und war im Rahmen der „Operation Puschkin“ für die Ausbildung der sogenannten Bernsteinhunde zuständig gewesen, die bei der Suche nach dem verschollenen Bernsteinzimmer eingesetzt wurden.
Richtig schlau wurde Reimann aus der Unterhaltung mit Schmidt indes nicht. Jener hatte zwar angedeutet, er habe Hinweise auf den Verbleib des Bernsteinzimmers und benötige Hilfe bei der privaten Suche danach, einen konkreten Auftrag hatte er dem Privatdetektiv jedoch nicht erteilt. Schmidt hatte auch von der rechtlichen Absicherung solch einer „Schatzsuche“ gesprochen, doch Reimann war sich nicht wirklich sicher, was er für den Mann tun sollte. Eigentlich wollte er die Angelegenheit sprichwörtlich schon „zu den Akten legen“, als ihn eine Unterhaltung mit seinem Freund und Rechtsanwalt Frank Hartmann aufhorchen ließ. Dieser erzählte ausführlich von der Bernsteinzimmer-Suche Paul Enkes, dessen Namen auch Horst Schmidt erwähnt hatte. Die Lektüre von Enkes „Bernsteinzimmer-Report“ weckte Reimanns Interesse. Er studierte in der Folgezeit alle erhältlichen Bücher über das Bernsteinzimmer und prüfte die verschiedenen Theorien auf ihre stimmigen Zusammenhänge. Enkes Schlussfolgerung betreffs der Verlagerung in den Raum Aue erschien Reimann am logischsten. Sicherlich gehörte aber auch eine gehörige Portion Lokalpatriotismus mit dazu, als gebürtiger Sachse das Bernsteinzimmer im sächsischen Erzgebirge zu vermuten.
Reimann folgte dessen Ausführungen jedoch nicht vorbehaltlos, deckte durch seine Beziehungen als Detektiv auch diverse Fehlinterpretationen und Ungenauigkeiten des Ermittlers auf. Seine Recherchen ergaben, dass Gustav Wyst zu keiner Zeit Mitglied der SS war, sondern zu einer Spezialeinheit gehörte, die dem Geheimdienst der Wehrmacht, auch als Abwehr bekannt, unterstellt war. Auch der in verschiedenen Veröffentlichungen zum „Intimus“ von Gauleiter Erich Koch hochstilisierte Standartenführer des Nationalsozialistischen Fliegerkorps (NSFK) Albert Popp, welcher angeblich den Transport des Bernstein-

zimmers von Schloss Reinhardsbrunn Richtung Aue leitete, machte Reimann misstrauisch. Bei seinen Recherchen konnte er keine Hinweise finden, dass sich die zwei Männer überhaupt persönlich kannten. Nach diesen Entdeckungen stellte sich die Frage, für wen Wyst und Popp also tatsächlich gearbeitet hatten.

Mögliche Antworten darauf sollte ein gewisser Erwin Keiluweit liefern, auf den Reimann vom MfS-Mann Horst Schmidt aufmerksam gemacht wurde. Schmidt kannte den Mann durch seine Beteiligung an der „Operation Puschkin“. Keiluweit hatte Paul Enke gegenüber geäußert, bei der Verbringung des Bernsteinzimmers von Königsberg

Hier suchte Reimann das Bernsteinzimmer.

ins thüringische Ilmenau beteiligt gewesen zu sein. Enke hatte Keiluweit jedoch wenig Aufmerksamkeit und Vertrauen geschenkt, da er ihn als subversives Element betrachtete, der auf Grund seiner antisozialistischen Haltung in der DDR im Gefängnis gesessen hatte und von einem Psychiater als unzurechnungsfähig eingestuft wurde. Außerdem hatten seine Aussagen Ungereimtheiten aufgewiesen und seine Behauptung, an der Auslagerung des Bernsteinzimmers nach Thüringen beteiligt gewesen zu sein, passte nicht in Enkes Konzept.

Dessen früherer Mitarbeiter Schmidt war jedoch der Ansicht, Erwin Keiluweit könne zur Auffindung des verschollenen Bernsteinzimmers durchaus beitragen. Auch Reimann fand ihn interessant, hatte er doch bei seiner Befragung durch Mitarbeiter des MfS seinerzeit detaillierte Informationen über den Abtransport des Bernsteinzimmers aus Königsberg geliefert und zudem Insiderinformationen preisgegeben. So sprach er davon, dass bei der Abfahrt aus dem Königsberger Schloss eine Kiste kaputtging und Bernstein herausfiel. Das hatte Alfred Rohde zwar in seinen Unterlagen vermerkt, es war aber nie publik gemacht worden. Weiterhin hatte Keiluweit anhand von Fotos Gustav Wyst und Albert Popp als Beteiligte des Transports nach Thüringen identifiziert. Reimann und Schmidt waren sich also einig, dass eine Befragung von Erwin Keiluweit für ihre weiteren Nachforschungen durchaus von Nutzen sein konnte. Mit Hilfe des Journalisten Reinhard Borgmann gelang es Reimann, Keiluweit aufzuspüren. Im Spätsommer 1994 machten sich die beiden Männer in Begleitung eines Kamerateams in die kleine Ortschaft Joketa im Vogtland auf, wo der vermeintliche Informant lebte. Um den Überraschungseffekt zu nutzen, hatte sich die Gruppe nicht angekündigt, glaubte, Keiluweit so leichter Informationen zu entlocken. Eine Überraschung gab es jedoch auf der Seite von Reimann und seinen Begleitern. Anstelle eines alten gebrechlichen Mannes jenseits der 70er begegnete ihnen ein rüstiger, wesentlich jünger wirkender Herr, dem eine frühere militärische Laufbahn unverkennbar anzusehen war. Auftreten, Körperhaltung und Gesten von Erwin Keiluweit erinnerten an einen ehemaligen Wehrmachtsoffizier. Scharfsinnig durchschaute er auch sofort die erfundene Geschichte über eine angebliche Dokumentation deutscher Kriegsschicksale und

ließ verlauten, seine Besucher wüssten gar nicht, auf was sie sich eigentlich eingelassen hätten. Keiluweit erklärte sich jedoch bereit, mit dem Journalisten Borgmann zu reden, eine filmische Aufzeichnung des Gesprächs lehnte er jedoch ab. Borgmann durfte sich immerhin Notizen machen, aus denen Reimann folgende Geschichte erfuhr:
Erwin Keiluweit war ehemaliger Oberleutnant der Abwehr und zeitweilig in Königsberg stationiert. Anfang 1945 erhielt er den Auftrag, einen Konvoi aus mehreren LKW zusammenzustellen und damit das Bernsteinzimmer aus dem umkämpften Ostpreußen zu evakuieren. Der als Munitionstransport getarnte Konvoi fuhr zunächst etwa 80 Kilometer südwestlich von Königsberg. Dort wurden dann zusätzlich Teile des polnischen Nationalschatzes zugeladen. Danach wurden die LKW auf speziellen Anhängern der Eisenbahn Richtung Westen gebracht, kurz bevor die anrückende Sowjetarmee die Landverbindung nach Deutschland unterbrach. Der Transport fuhr bis nach Thüringen, wo der LKW-Konvoi in einem Waldstück zwischen Ilmenau und Schleusingen auf weitere Befehle wartete. Wenige Tage später trafen die erwarteten Befehle ein und entbanden Erwin Keiluweit von seiner Aufgabe als Transportführer.
Über das weitere Schicksal des Bernsteinzimmers wusste Keiluweit angeblich nichts. Interessant waren jedoch die vermeintlichen Hintergründe des Transportes. Dieser sei nämlich weder von Hitler, noch von Bormann oder Rosenberg organisiert worden, sondern von höheren Kreisen, die über der Führungsspitze des Dritten Reiches standen. Aus dieser Information wurde Reimann zunächst nicht richtig schlau. Welche Kreise standen höher als Hitler, welchen Erwin Keiluweit in diesem Zusammenhang als „kleines Licht" bezeichnet hatte? Eine Bemerkung des Journalisten Borgmann, der mit Keiluweit gesprochen hatte, schien letztendlich des Rätsels Lösung zu sein. Jener hatte die Vermutung geäußert, Keiluweit stamme von altem deutschem Offiziersadel ab, worauf dessen Art zu sprechen und sich zu bewegen hindeutete. Außerdem hatte er Borgmann anvertraut, dass Keiluweit nur ein nach dem Krieg angenommener Name war. Sein eigentlicher Name sei von Effenberg-Rasmussen, der von einem baltischen Adelsgeschlecht stamme.
Reimann schlussfolgerte, dass hinter der Verbringung des Bernstein-

zimmers also möglicherweise Teile der adligen deutschen Wehrmachtsführung standen, die sich von jeher der Führungsspitze der Nationalsozialisten überlegen fühlte. Zudem bestanden schon seit langer Zeit enge verwandtschaftliche Beziehungen zwischen der russischen Dynastie Romanow und dem deutschen Adel. Ab Mitte des 18. Jahrhunderts hatten die russischen Kaiser ausschließlich deutsche Prinzessinnen geheiratet. Es war also durchaus vorstellbar, dass einige entfernte deutsche Verwandte des Hauses Romanow-Holstein-Gottorp, wie das russische Herrscherhaus offiziell hieß, kurz vor Ende des Krieges versuchten, das Bernsteinzimmer wieder seinen rechtmäßigen Besitzern zuzuführen. So mutmaßte jedenfalls Dietmar B. Reimann. Auch die angebliche Beteiligung von Gustav Wyst und der Abwehr an diesem Coup passt gut in Reimanns Vorstellung, der mittlerweile felsenfest an Paul Enkes Theorie vom Versteck im sächsischen Erzgebirge überzeugt war. Vom thüringischen Ilmenau, wo Erwin Keiluweit den Transport verlassen haben will, waren es zwar fast 200 Kilometer bis Aue, doch auch diese Rätsel glaubte Reimann noch lösen zu können.
Befeuert wurde seine Vorstellung vom ehemaligen MfS-Mann Schmidt, der Reimann gegenüber immer wieder Andeutungen über den vermeintlichen Lagerort des Bernsteinzimmers machte. Er sprach von einem mysteriösen Wasserbehälter oberhalb eines Stollens, Einritzungen in Bäumen und einem geheimnisvollen Felsen.
Auf Drängen von Reimann verwies Schmidt schließlich auf eine Stelle im sogenannten Poppenwald, einem Waldstück in der Nähe von Bad Schlema, die er angeblich mit Hilfe seiner Bernsteinhunde entdeckt hatte. Reimann inspizierte die angegebene Stelle ausführlich und fand tatsächlich Hinweise, die sich mit Schmidts geheimnisvollen Andeutungen deckten.
Besonders interessant fand Reimann den erwähnten Wasserbehälter. Dieser war zwar erst 1956 von der Wismut AG, einem Bergbauunternehmen der ehemaligen DDR, errichtet worden, doch er stieß bei seinen Recherchen auf ein Foto aus dem Jahre 1927, das den Standort des späteren Behälters nachwies. Das Bild zeigte den Eingang zu einem früheren Bergwerkstollen, dessen Eingang laut Aussagen von Zeitzeugen im April 1945 von deutschen Soldaten gesprengt und damit un-

Standort des ehemaligen Wismut-Behälters.

zugänglich gemacht worden war. Unterhalb des Wasserbehälters fand Reimann eine Art Felsenklippe, die ebenfalls Spuren von Sprengungen aufwies. Hier hatten Angehörige der „Organisation Todt“ versucht, etwas zu verbergen, dessen war er sich sicher. Reimann hatte mittlerweile herausgefunden, dass sich ein Bautrupp der OT im Frühjahr 1945 für einige Wochen im Poppenwald aufgehalten hatte.

Um dem Geheimnis des Poppenwaldes auf die Spur zu kommen, besorgte er sich Messtischblätter und alte Wanderkarten aus dem sächsischen Staatsarchiv. Mit etwas Glück konnte er noch eine Luftbildaufnahme des Gebietes vom Juli 1945 auftreiben. Vergleiche ergaben, dass im Zeitraum zwischen 1943 und 1945 im Bereich der erwähnten Felsenklippen Erdarbeiten vorgenommen worden waren. Laut Zeugenaussagen war der Poppenwald in den letzten Kriegsmonaten militärisches Sperrgebiet, was Reimann in seinem Glauben bestätigte, die „Organisation Todt“ habe hier ein Versteck für das Bernsteinzimmer errichtet.

Interessant war auch die Schilderung einer gewissen Frau Starke, der Tochter des ehemaligen Waldhüters des Poppenwaldes. Diese sprach von fünf Güterwaggons, die im April/Mai 1945 auf den Bahngleisen zwischen Hartenstein und Niederschlema gestanden haben sollen. Hierbei handelte es sich wohl um einen Gleisanschluss zur Holzschleiferei der ortsansässigen Papierfabrik, die nur etwa 500 Meter unterhalb der Felsenklippen stand, die heute als Reimannfelsen bezeichnet werden.
Nun passte für Reimann alles zusammen. Die OT legte ein Versteck im Poppenwald an, das Bernsteinzimmer wurde mit der Eisenbahn angeliefert, die Zugänge zum Versteck wurden nach der Einlagerung gesprengt, genauso wie es in den Dokumenten von Gustav Wyst beschrieben war. Er war sich sicher, den Lagerort des Bernsteinzimmers lokalisiert zu haben.
Reimann forschte noch weiter und konnte feststellen, dass in den Archiven keine weiteren Dokumente über die Bauarbeiten im Poppenwald zu finden waren. Durch Zeugenaussagen über die ungewöhnlichen Uniformen eines Teiles der zwischenzeitlich im Poppenwald stationierten Soldaten fand er außerdem heraus, dass diese Soldaten möglicherweise zur Spezialeinheit „Brandenburg“ gehörten, die der militärischen Abwehr der Wehrmacht unterstellt war.

Diese Information bestärkte Reimann darin, den Aussagen von Erwin Keiluweit erhöhte Aufmerksamkeit zu schenken, nach denen eine „höhere Instanz“ als Hitler und seine Helfer das Bernsteinzimmer versteckt hätte.
Reimann recherchierte, dass ungewöhnlich viele hochrangige deutsche Adelige in der Abwehr vertreten waren. Gab es also tatsächlich in dem von Admiral Wilhelm Franz Canaris geleiteten Geheimdienst Bestrebungen, das Bernsteinzimmer beiseite zu schaffen und so dem Zugriff der Alliierten wie der Nationalsozialisten zu entziehen? Reimann glaubte fest daran. Er hatte auch herausgefunden, dass viele Exilrussen, Balten und Litauer in der Abwehr dienten, die das Bernsteinzimmer sicherlich gern außerhalb des Einflusses von Hitler und seinen Schergen gesehen hätten. Nun machte auch die von Gustav Wyst überlieferte Aussage Sinn, die er seinem Sohn Rudolf gegenüber geäußert hatte.

So sagte er einmal: „Jetzt habe ich zu meinen Litauern noch richtige Russen bekommen." Reimann zog daraus den Schluss, dass Gustav Wyst kein Angehöriger der SS gewesen sei, wie immer wieder vermutet wurde, sondern vielmehr Offizier der „Brandenburger" war.
Das Regiment „Brandenburg" war für militärische wie geheimdienstliche Aufgaben bestimmt. Die Anforderungen an die Mitglieder waren sehr hoch. Es wurden in der Ausbildung Überlebenstechniken, Einzelkampf und Pionierarbeiten gelernt und trainiert. Dazu alles, was ein Geheimdienstmitarbeiter können und wissen musste: tarnen, täuschen, sich der jeweiligen Bevölkerung im Einsatzgebiet anpassen, verschiedene Sprachen sprechen und noch einiges mehr.
Reimann ging davon aus, dass im Poppenwald ein Ausbildungszentrum für das Regiment „Brandenburg" errichtet wurde, das adlige Wehrmachtsangehörige als Versteck für das Bernsteinzimmer benutzen wollten. Dass die Abwehr sowie verschiedene Wehrmachtsoffiziere an der vermeintlichen Verlagerung des Bernsteinzimmers in das Gebiet der späteren DDR beteiligt waren, basiert allerdings nur auf Indizien, die sich Reimann passend zusammenstellte. Zwar gab es die Aussagen von Erwin Keiluweit und Gustav Wyst, doch wie viel Wahrheitsgehalt diesen beizumessen ist, kann nicht mit Bestimmtheit gesagt werden. Auch die Zeugenaussagen über die „seltsamen" Uniformen der Soldaten im Poppenwald können nicht wirklich als Beweis herhalten. Beim deutschen Militär gab es so viele unterschiedliche Uniformen, dass sie ein Zivilist nicht alle kennen konnte.

Tatsache ist, dass sich die „Organisation Todt" einige Wochen im Poppenwald aufhielt, deren Angehörige es speziell in den letzten Kriegstagen mit der Anzugsordnung wohl nicht mehr so genau nahmen.
Später steigerte sich Reimann noch in die recht weit hergeholte Vorstellung, die heimliche Verlagerung des Bernsteinzimmers durch eine Gruppe adliger Wehrmachtsoffiziere sei nur ein Tarnmanöver gewesen. Das eigentliche Interesse dieser Männer hätte den preußischen Kroninsignien gehört, die ebenfalls im Königsberger Schloss aufbewahrt wurden. Die Insignien wurden nach Reimanns Ansicht benötigt, um nach dem Sturz von Adolf Hitler in Deutschland wieder die

Monarchie einzuführen. Für solch ein Vorhaben war es im Frühjahr 1945 aber eindeutig zu spät. Reimann ließ sich aber nicht von der Idee abbringen, dass Soldaten der Abwehr vor den Machthabern des Dritten Reiches den Anschein erwecken wollten, nur das Bernsteinzimmer sei aus Königsberg herausgebracht worden, in Wirklichkeit befanden sich aber auch die preußischen Kroninsignien mit in dem Transport.
Reimann wollte seine Theorien natürlich auch mit handfesten Beweisen belegen und wandte sich an die zuständigen staatlichen Stellen, um eine Genehmigung sowie Hilfe bei den geplanten Bohrungen und Grabungen zu erhalten. Eine Kommission des Wirtschaftsministeriums lehnte dieses Ansinnen jedoch mit der Begründung ab, das Bernsteinzimmer sei in Königsberg verbrannt. Woher die Mitglieder der bewussten Kommission diese Information hatten, bleibt schleierhaft, eine private Suche nach verschollenen Kunstgütern wurde Reimann jedoch freigestellt. Dieser hatte mittlerweile eine Schar von Enthusiasten und Geldgebern um sich geschart, die ihn bei der Suche im Poppenwald unterstützen wollten.
Reimann ließ an den Felsenklippen unterhalb des Wismut-Wasserbehälters geophysikalische Messungen durchführen. Das Ergebnis war nicht ganz eindeutig, lieferte jedoch Hinweise auf mögliche Hohlräume. Mittlerweile hatte Reimann auch in Erfahrung bringen können, dass sich in diesem Bereich ein Bergwerkstollen aus dem Mittelalter befand, den nach seiner Meinung die „Organisation Todt" zum Versteck des Bernsteinzimmers ausgebaut hatte. Befeuert wurde seine Theorie von einem gewissen Alexander Burkel aus Baden-Württemberg, der sich Reimanns Suchtrupp angeschlossen hatte. Burkel war im Besitz von Luftbildaufnahmen des Poppenwaldes vom 10. April 1945. Diese zeigten am Reimannfelsen ein vermeintliches Stollen-Mundloch, neben dem Holzkisten zu erkennen waren. Auch die bereits erwähnten Eisenbahnwaggons waren zu erkennen, mit denen das Bernsteinzimmer angeliefert worden sein soll.
In der Zwischenzeit hatte sich Reimann von der Nicolai-Kirchgemeinde Zwickau, der Eigentümerin des Poppenwaldes, die Erlaubnis für Probebohrungen und Grabungen an den Felsenklippen geholt. Nach diversen Fehlschlägen stieß das Team um Reimann 1999 bei Bohrungen endlich auf einen Hohlraum, der allerdings fast komplett unter

Wasser stand. Reimann stellte die These auf, der Wasserbehälter der Wismut AG sei in Wahrheit Teil eines raffinierten Mechanismus, der das Versteck bei ungeplanter Öffnung unter Wasser setzte. Die typische Vorstellung eines Schatzsuchers!

Im Jahr 2000 befand sich die Suche nach dem Bernsteinzimmer im Poppenwald auf ihrem Höhepunkt. Reimann hatte einen Bagger organisiert, der an der Stelle des Hohlraumes eine Grube aushob, die mit Spitzhacken erweitert wurde. Der Versuch, den Hohlraum leer zu pumpen, scheiterte jedoch an den finanziellen Mitteln der Schatzsucher.

Zu jener Zeit erhielten Reimann und seine Männer auch immer wieder Besuch von einem älteren Herrn, der die Arbeiten interessiert beobachtete. In den Ortschaften rund um den Poppenwald war der mysteriöse Senior schon seit längerem bekannt. Er stattete schon seit Jahren der Gegend regelmäßige Besuche ab, als ob er nachschauen wollte, dass alles, was auch immer, in Ordnung sei. Durch Zufall stieß Reimann auf ein altes Foto, das den geheimnisvollen Besucher als SS-Standartenführer Wolfgang Köhler identifizierte. Der enthusiastische Schatzsucher sah in Köhler den Schlüssel zum Geheimnis des Poppenwaldes und versuchte, mehr über den ehemaligen SS-Offizier zu erfahren.

Wolfgang Köhler entstammte einer adeligen Familie und war schon frühzeitig auf eine militärische Karriere vorbereitet worden. Er besuchte eine „Napola", eine „Nationalpolitische Erziehungsanstalt" der NSDAP. Diese Internate waren schon kurz nach der Machtübernahme im Jahr 1933 eingerichtet worden mit dem Ziel, junge Menschen möglichst früh im Sinne der nationalsozialistischen Ideologie zu erziehen. In der Waffen-SS stieg er bis zum Sturmbahnführer, also Major, auf und diente im Zweiten Weltkrieg in der 12. SS-Panzerdivision „Hitlerjugend". Nach der britischen Kriegsgefangenschaft arbeitete Köhler bei der Wismut AG und später als Sicherheitsinspektor eines großen VEB-Betriebes im Erzgebirge. Obwohl er nie einen Hehl aus seiner SS-Vergangenheit machte, wurde Wolfgang Köhler von den staatlichen Organen in der DDR nie auch nur im Geringsten belangt. Es schien fast so, als halte jemand seine schützende Hand über ihn. Reimann vermutete in Köhler so etwas wie einen „Gralswächter", eine

Gestalt, die in allen guten Schatzsuchergeschichten vorkommt. Diese „Gralswächter“ hüteten das Versteck des vermeintlichen Schatzes und versuchten, mögliche Schatzjäger auf eine falsche Fährte zu locken. Reimann selbst konnte mit Wolfgang Köhler nur einige belanglose Unterhaltungen führen, da sich dieser sehr reserviert verhielt. Nach Köhlers Tod erlaubte ihm aber sein Sohn, den Nachlass seines Vaters zu sichten. Besonders interessant fand Reimann 13 Zeichnungen von Booten und Schiffen. Interessant vor allem ob der Tatsache, da sich Wolfgang Köhler laut Aussage von Detlef Köhler nie auch nur im Entferntesten mit Seefahrt oder Schiffen beschäftigt hatte. Reimann ließ die Skizzen von einem Fachmann analysieren, der sie zwar als detaillierte Konstruktionsskizzen erkannte, die allerdings allesamt einen entscheidenden Fehler aufwiesen: Die Wasserfahrzeuge hätten auf Grund ihrer Konstruktion niemals schwimmen können. Reimann stellte die gewagte Theorie auf, es handele sich hierbei nicht um Konstruktionszeichnungen von Schiffen, sondern vielmehr um getarnte Baupläne für unterirdische Verstecke im Poppenwald. Stellte man die Skizzen auf den Kopf und vergrößerte sie, ergaben die Zeichnungen plötzlich eine Darstellung, die an Geländeabschnitte rund um den Reimannfelsen erinnerte.

Viel weiter brachten Reimann diese Gedankengänge bei seiner Suche nach dem Bernsteinzimmer aber auch nicht. Jahr für Jahr führten die Grabungen immer wieder zu neuen Fehlschlägen. Mit der Zeit kehrten viele Unterstützer der Anfangstage Reimann den Rücken. Das lag allerdings weniger an den fehlenden Erfolgen, als vielmehr an den immer abstruseren Thesen, die der Schatzsucher aufstellte.

So behauptete Reimann felsenfest, es habe kurz vor Kriegsende eine Verschwörung deutscher Adliger gegen Adolf Hitler gegeben. Ziel war der Sturz des Reichskanzlers mit gleichzeitiger Errichtung einer Monarchie unter Führung des Hauses Hohenzollern. Danach sollte ein Separatfrieden mit den Westalliierten geschlossen werden, um gemeinsam gegen die kommunistische Sowjetunion vorzugehen. Die Gründung der neuen Monarchie sollte in dem heute als „Freie Republik Schwarzenberg“ bekannten Gebiet im Erzgebirge erfolgen. Dabei handelte es sich um einen Geländeabschnitt mit einer Ausdehnung

von ca. 2.000 Quadratkilometern rund um die Stadt Aue, der nach der Kapitulation der Wehrmacht am 8. Mai 1945 für 42 Tage von den Alliierten unbesetzt blieb. Diese Tatsache ist bis heute eine Quelle für Spekulationen. Historiker gehen davon aus, dass dieses Gebiet im Zuge der letzten Kriegswirren und des sich ständig ändernden Frontverlaufes von den west-alliierten Truppen schlichtweg „vergessen" wurde.
In diesen 42 Tagen behielten antifaschistische Gruppen, die während der Herrschaft der Nationalsozialisten im Untergrund agierten, sprichwörtlich „das Heft in der Hand". Aktionsausschüsse wurden gebildet, führende NSDAP-Mitglieder festgesetzt, Notgeld herausgegeben, alles getan, um die öffentliche Ordnung einigermaßen aufrechtzuerhalten. Zeitzeugen berichteten später, dass die Gründung einer „Republik Schwarzenberg" niemals zur Debatte stand.
Reimann glaubte jedoch unbeirrt an seine Theorie und behauptete, die Hohenzollern hätten zur Finanzierung der neuen Monarchie mehrere Bahntransporte mit Goldbarren und Kunstgütern ins sächsische Erzgebirge bringen lassen, darunter auch das Bernsteinzimmer. Wirklich beweisen konnte er seine Theorie nicht.
Im Sommer 2009 gestattete die Nicolai-Kirchgemeinde Reimann einen letzten Versuch, das Bernsteinzimmer im Poppenwald zu finden. Auch dieses Unterfangen schlug fehl. Im Februar 2011 erklärte der mittlerweile 63-jährige und gesundheitlich schwer angeschlagene Schatzsucher, nie mehr in den Poppenwald zurückzukehren. Nur zwei Monate nach dieser Erklärung verstarb Dietmar B. Reimann an den Folgen einer Herzmuskelentzündung.

Heinz-Peter Haustein und der Fortuna-Stollen in Deutschneudorf

Heinz-Peter Haustein, am 10. August 1954 im erzgebirgischen Olbernhau geboren, ist zweifelsohne eine engagierte Persönlichkeit. Er war bzw. ist selbstständiger Unternehmer zweier

Eingang zum Fortuna-Stollen in Deutschneudorf

Firmen, Betreiber eines Schaubergwerks in Deutschneudorf, war acht Jahre als Parteimitglied der FDP im Deutschen Bundestag vertreten, fungierte lange Jahre als ehrenamtlicher Bürgermeister von Deutschneudorf und ist heute hauptamtlicher Bürgermeister von Olbernhau. Über die Grenzen seiner erzgebirgischen Heimat hinaus ist Haustein jedoch in erster Linie als unermüdlicher Schatzjäger bekannt, der sein Leben der Suche nach dem verschollenen Bernsteinzimmer verschrieben hat.

Alles begann am 18. Januar 1995 mit einem Anruf, den Haustein während eines beruflichen Aufenthalts in Berlin erhielt. Ein schwerkranker Patient aus dem Krankenhaus in Olbernhau bat ihn dringend an sein Krankenbett, da er etwas Wichtiges mitzuteilen habe. Laut unbewiesener Gerüchte soll es sich dabei um Hausteins Vater Heinz gehandelt haben. Heinz Haustein war 1943 im Krieg schwer verwundet worden und erhielt nach seiner Genesung eine Dienstzuweisung nach Deutschneudorf. Dort war er mit zwei Kameraden für den Empfang von Transporten aus den besetzten Ostgebieten zuständig. Darunter sollen sich auch Kisten mit Bernstein befunden haben, die auf dem Gelände einer ortansässigen Firma abgeladen wurden. Was weiter mit ihnen geschehen war, wusste Haustein sen. allerdings leider nicht. Mit diesen Informationen versehen, recherchierte Haustein und kam zu der Ansicht, dass die ankommenden Güter nur im Nikolai-Stollen untergebracht worden sein können.

Dieser Stollen befindet sich auf dem Gebiet der tschechischen Gemeinde Hora Svaté Kateřiny, dem früheren Sankt Katharinaberg, nur wenige Kilometer von Deutschneudorf entfernt. Der Nikolai-Stollen diente bis zum 18. Jahrhundert dem Erzabbau und wurde in den 1930er Jahren zeitweilig als Schaubergwerk benutzt, bis er dann im Zweiten Weltkrieg zum Luftschutzbunker umfunktioniert wurde. Nach dem Krieg gab es noch einige Versuche, im Stollen das begehrte Uranerz zu finden. Diese Arbeiten wurden 1951 allerdings erfolglos eingestellt.

Heinz-Peter Haustein, der seine Schatzsuche bis heute gern medienwirksam vermarktet, lud am 12. März 1998 einen Reporter von Radio PSR zum Nikolai-Stollen ein und gab bereitwillig Auskunft über seine Recherchen zum möglichen Versteck des Bernsteinzimmers. Der Re-

porter witterte eine gute Story und brachte wenig später eine ausführliche Sendung über Haustein und dessen Theorie. Die Radiosendung stieß tatsächlich auch auf großes öffentliches Interesse. Haustein erhielt jede Menge Nachrichten von Leuten, die mit ihren Informationen zur Suche nach dem Bernsteinzimmer beitragen wollten. Heinz-Peter Haustein nahm Verbindung mit den zuständigen Stellen in Tschechien auf und konnte recht schnell eine Genehmigung zur Öffnung des Stollens erwirken. Am 16. April 1998 fiel der offizielle Startschuss für die Suche nach dem Bernsteinzimmer im Nikolai-Stollen. Das Ganze nahm einen regelrechten Volksfestcharakter an. Neben über eintausend Schaulustigen waren viele Presseorgane aus der Tschechischen Republik und Deutschland, private wie staatliche Rundfunkstationen und nicht weniger als zwölf Fernsehstationen, unter anderem aus Russland und den USA, angereist. Prominentester Besucher war jedoch der Sudetendeutsche Helmut Gaensel, der schon seit längerer Zeit auf tschechischem Gebiet nach verborgenen Kunstschätzen aus der NS-Zeit suchte und sich Haustein bei der Erforschung des Nikolai-Stollens anschließen wollte. Als Haustein nach kurzer Zeit das Interesse am Stollen in Hora Svaté Kateřiny verlor, suchte Gaensel jahrelang auf eigene Faust weiter.

Wieder war es ein unerwarteter Anruf, der Heinz-Peter Haustein auf eine neue Fährte brachte. Am 12. Mai 1998 erhielt der Deutschneudorfer Bürgermeister in seinem Dienstzimmer den Anruf eines Mannes, der sich als ehemaliger SS-Angehöriger ausgab. Der Anruf hatte folgenden Wortlaut: „Spitz' deine Ohren, ich war dabei. Unser Anführer war Lahousen. Du musst auf deutscher Seite suchen."[11] Oberst Erwin von Lahousen war bis 1943 Leiter der Abteilung II unter Admiral Canaris, ab Sommer 1944 der SS unterstellt. Auf Hausteins aufgeregte Fragen antwortete der Anrufer nur, er melde sich vielleicht noch einmal. Danach legte der Informant auf, weitere Rückfragen waren nicht möglich. Der Anruf ließ Haustein ratlos zurück. Der Hinweis des geheimnisvollen Anrufers bezog sich sicherlich auf Deutschneudorf, doch wo sollte gesucht werden? Erneut kam Haustein der Zufall zu Hilfe.

Im Oktober 1998 erhielt die Bergsicherung Schneeberg einen Anruf vom Deutschneudorfer Bürgermeister, bitte doch einmal im Ort vor-

beizuschauen. Auf Nachfrage hieß es, man habe ein altes Bergwerk entdeckt, da gebe es einen alten Stollen, der zwar offen, dessen Zugang aber eingebrochen sei. Jedenfalls benötige man Expertenrat. Die beauftragten Mitarbeiter glaubten an einen Routineauftrag, staunten aber nicht schlecht, als sie auf Heinz-Peter Haustein und einige enthusiastische Helfer trafen, die bereits versucht hatten, mit einer Blechlutte einen Eingang in den verschütteten Stollen zu finden. Wenig begeistert von den laienhaften Versuchen machten sich die Mitarbeiter der Bergsicherung Schneeberg an die Arbeit. Der Bergbruch wurde fachmännisch gesichert und in der Zwischenzeit in alten Unterlagen des zuständigen Bergwerkamtes nach Hinweisen auf ein stillgelegtes Bergwerk gesucht. Man wurde schnell fündig. Der frische Bergbruch führte zum Fortuna-Stollen, der Ende des 19. Jahrhunderts stillgelegt wurde.

Besucherbergwerk Fortuna-Stollen

Die Sicherungsarbeiten gingen zügig voran, nach drei Wochen war ein kleines Streckensystem bereits wieder befahrbar. Allerdings handelte es sich dabei nur um einen Bruchteil des eigentlichen Stollens, wie mittlerweile aus den Unterlagen des Oberbergamtes hervorging.
Da es oberhalb der Stollenzugänge immer neue Absenkungen gab, waren weitere Arbeiten vonnöten, welche dem auf Bergbau spezialisierten Ingenieurbüro „GEOPRAX“ übertragen wurden. Den Auftrag erteilte das Sächsische Oberbergamt. Er beinhaltete eine bautechnische Stabilisierung des Stollens bis in den nicht mehr einsturzgefährdeten Felsbereich. Der stabilisierte Schacht sollte danach verschlossen werden. Die Arbeiten gestalteten sich zunehmend aufwendiger, die Finanzierung überstieg die geplanten Kosten um ein Vielfaches. Mit Erreichen des Erbstollens waren die eigentlichen Arbeiten beendet.

Die Geschichte des Fortuna-Stollens begann im frühen 17. Jahrhundert.

Nun musste über das weitere Schicksal des Bergwerkes entschieden werden. Das Oberbergamt entschied sich dazu, den Fortuna-Stollen nicht verwahren zu lassen, sondern den gesicherten Teil der Gemeinde Deutschneudorf zu übergeben.
In der Gemeindevertretung war seit längerem von der Idee eines Besucherbergwerkes gesprochen worden, welche jetzt in die Tat umgesetzt wurde. Mit seinem Enthusiasmus konnte Haustein eine Vielzahl von privaten Geldgebern aus der Region finden, deren Finanzmittel als Basis für staatliche Fördermittel dienen sollten, was tatsächlich auch gelang. Am 1. Februar 1999 wurde daraufhin die „Fortuna Bernstein GmbH" gegründet, die den Bau des Besucherbergwerks organisierte und gleichzeitig der Suche von verschollenen Kunstgütern im Bereich Deutschneudorf diente. Nach einer öffentlichen Ausschreibung erhielt die Bergsicherung Schneeberg den Auftrag für den Ausbau des Fortuna-Stollens zu einem Besucherbergwerk. Nach reichlich zwei Jahren Bauzeit konnte am 31. Oktober 2001 die Eröffnung des „Abenteuer Bergwerks Bernsteinzimmer" gefeiert werden.

In der Zwischenzeit war Heinz-Peter Haustein nicht müßig gewesen und hatte umfangreiche Recherchen betrieben, deren Ergebnisse darauf hindeuteten, dass sich das verschollene Bernsteinzimmer tatsächlich in Deutschneudorf befand. Von ortsansässigen Zeitzeugen erfuhr er, dass in den letzten Kriegsmonaten immer wieder Soldaten in und um Deutschneudorf stationiert waren, die aber nicht für militärische Operationen eingesetzt wurden, sondern vielmehr Kriegsgefangene bewachten. Diese wurden für das Ausladen von ankommenden Lkw und unplanmäßigen Bahntransporten benötigt, welche in dieser Zeit immer häufiger den Ort erreichten. Auch von scharf bewachten Bauarbeiten hörte Haustein, die offensichtlich den Dorfbewohnern unbedingt verborgen bleiben sollten. Bei seinen Recherchen konnte Haustein mit Eisenbahnern und Soldaten sprechen, welche die Transporte nach Deutschneudorf begleiteten. Er konnte sogar einer alten Landkarte habhaft werden, in der anscheinend einer der Transportbegleiter persönliche Einträge gemacht hatte. Haustein brachte auch in Erfahrung, dass im Spätherbst 1944 fünf hochrangige Offiziere der

Wehrmacht im Deutschneudorf logierten, die nach einigen alkoholischen Getränken in der Dorfschänke von einer „geheimen Mission" erzählten, die aus der Rückführung von Kunstgütern aus den besetzten Ländern bestand. Er erfuhr zudem, dass sich Alfred Rhode, der Direktor des Königsberger Schlosses, im Oktober 1944 zweimal in Deutschneudorf aufhielt, was sich zeitlich mit dessen Reise nach Sach-

Eröffnung des Besucherbergwerks war am 31. Oktober 2001.

sen deckte, während der er nach Auslagerungsmöglichkeiten für das Bernsteinzimmer suchte. Um das Maß voll zu machen, hieß es darüber hinaus noch, dass sich auch Gustav Wyst 1944/45 zweimal hier aufgehalten hatte – ein Name, bei dem alle Bernsteinzimmer-Jäger glänzende Augen bekommen.
In verschiedenen Veröffentlichungen über den Verbleib des Bernsteinzimmers wurde immer wieder von einem als schweizerisches Rotkreuzfahrzeug getarnten Lastwagen gesprochen, welcher das Bernsteinzimmer aus seinem Zwischenlager in Weimar weggebracht haben soll. Solch ein Fahrzeug will ein gewisser Dr. Siegfried Pach kurz vor Kriegsende auf der Fernverkehrsstraße von Freiberg in Richtung Pockau fahrend gesehen haben. Fuhr dieses Fahrzeug möglicherweise nach Deutschneudorf? Der MfS-Mitarbeiter Paul Enke war seinerzeit dieser Spur nachgegangen, fand sie allerdings wenig ergiebig. Heinz-Peter Haustein hatte jedoch im April 1998 die Gelegenheit, mit Hans Seufert, Oberst im Ministerium für Staatssicherheit der DDR, zu sprechen, einem ehemaligen Beteiligten an der „Operation Puschkin". Dieser versicherte ihm, dass das MfS durchaus Hinweise erhalten habe, in Deutschneudorf seien geraubte Kunstschätze versteckt worden.

Eine weitere heiße Spur hatte sich bereits 1988 durch einen Aufruf der Zeitschrift „Erzgebirgische Heimatblätter" aufgetan. Die Leserschaft war zur Mithilfe bei der Suche nach versteckten Kunstschätzen im Erzgebirge aufgerufen worden. Daraufhin meldete sich ein ehemaliger Deutschneudorfer Bewohner, der mittlerweile in Kanada lebte. Er berichtete, dass er als Kind miterlebt hatte, wie kurz vor Kriegsende ein Transport mit großen, merkwürdig schmalen Kisten angekommen sei. Von eben solchen merkwürdigen Kisten sprach auch ein Martin J. aus Mühlau bei Chemnitz, der dem Radio PSR im April 1998 ein Interview gab. Er gab an, als Wehrmachtssoldat einen Transport begleitet zu haben, der am 24. Juli 1944 von Hermann Görings Privatanwesen Carinhall in Richtung Weimar abfuhr. In den bewussten Kisten sollen sich Teile des Bernsteinzimmers befunden haben. Heinz-Peter Haustein hatte im April 1998 die Gelegenheit, mit Martin J. persönlich

zu sprechen. Dieser versicherte ihm, er habe Informationen, dass das Bernsteinzimmer bereits im Mai 1944 von Königsberg nach Carinhall gebracht wurde. Im Königsberg blieben nur einige Wandtafeln zurück, um den Anschein zu erwecken, das Bernsteinzimmer befände sich noch im Schloss.

Mit dieser Vielzahl an Indizien war sich Haustein sicher, das „achte Weltwunder" sei tatsächlich in Deutschneudorf versteckt. Die erstaunlichen Funde, welche beim Ausbau des Fortuna-Stollen gemacht wur-

Der Stollen wurde um 1880 stillgelegt.

den, schienen ihm recht zu geben. Entdeckt wurden folgende Gegenstände:

- eine Tasse, die nach Expertenmeinung erst zu Beginn des 20. Jahrhunderts hergestellt wurde,
- ein Stück ausgebrannter Plastik-Zündschnur, die ab 1935 von der Wehrmacht verwendet wurde,
- ein Gasmaskenbehälter aus dem Zweiten Weltkrieg,
- eine Maschinenpistole, Baujahr 1944, die als Spezialanfertigung für die SS identifiziert wurde,
- Uniformreste aus schwarzem Tuch mit Knöpfen.

Diese Fundstücke legten nahe, dass der seit Ende des 19. Jahrhunderts versiegelte Fortuna-Stollen während der Zeit des „Dritten Reiches" geöffnet worden ist. In Verbindung mit den Informationen über mehrere Transporte, aus denen in Deutschneudorf immer wieder Kisten ausgeladen und mit unbekanntem Ziel weitergeleitet wurden, lässt sich nur eine Schlussfolgerung ziehen: Im Fortuna-Stollen wurde etwas versteckt, das den Alliierten nicht in die Hände fallen sollte. So sah

Huthaus in Deutschneudorf

es zumindest Heinz-Peter Haustein, der nun zur Schatzsuche rüstete. Über seine konkreten Aktivitäten ist offiziell nur wenig bekannt. In und um Deutschneudorf kursieren jedoch immer wieder Gerüchte. Diese hier wiederzugeben, würde den Wirrwarr um das verschollene Bernsteinzimmer jedoch nur noch vergrößern.

Bekannt ist, dass Haustein an verschiedenen Stellen in Deutschneudorf nach dem Eingang zum vermeintlichen Schatzversteck im Fortuna-Stollen suchte. In unregelmäßigen Abständen erschienen in verschiedenen Tageszeitungen immer wieder Artikel über die Suche nach dem Bernsteinzimmer, von messbaren Erfolgen war jedoch noch nie zu lesen. Haustein selbst hielt sich hinsichtlich seiner Suche bisher im-

Seilwinde im Fortuna-Stollen

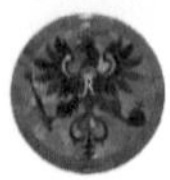

mer recht bedeckt. Kein Wunder, hat er sich doch über die Jahre nicht nur Freunde damit gemacht. Es gab auch schon verschiedene Drohungen. So hieß es in einem anonymen Anruf vom 16. August 2001: „Denk daran, dass bei der Suche nach dem Bernsteinzimmer schon 31 Leute gestorben sind. Du wirst der nächste sein. Lass die Finger davon!“[12]

Vielfach wird Haustein wegen seiner immer neuen Theorien auch nur noch belächelt. Nicht ohne Grund, war es doch zusätzlich zum Bernsteinzimmer plötzlich noch ein Goldschatz, der sich im Fortuna-Stollen befinden soll. Auslöser für diese neue Theorie war ein gewisser Christian Hanisch aus Schleswig-Holstein, der im Nachlass seines Vaters Dokumente mit geographischen Koordinaten über ein vermeintliches Schatzversteck gefunden haben will, die genau auf die Gegebenheit in Deutschneudorf passen. Zumindest war sich Heinz-Peter Haustein dessen sicher und ließ auf seine Kosten mit elektronischen Ortungsgeräten an den vermuteten Stellen nach Hohlräumen suchen. Angeblich stießen die empfindlichen Geräte in zwanzig Meter Tiefe auf Anomalien, die zunächst eine Eisenerzader vermuten ließen. Weitere Untersuchungen ergaben das nur schwer vorstellbare Ergebnis, dass es sich um Gold handeln soll, insgesamt 1,9 Tonnen. Im Frühjahr 2008 ließ Haustein an der bewussten Stelle Bohrungen vornehmen, über deren Ergebnis aber keine genauen Informationen vorliegen.

Ab 2015 verfolgte Haustein ein neues Projekt: Mit Ortungsgeräten wurden neue Bergwerksgänge lokalisiert, die sich 25 Meter unterhalb des Besucherbergwerks befinden. Da diese Gänge unter Wasser standen, wurde versucht, sie leer zu pumpen. Allerdings wurden die Gänge dadurch instabil, sodass die Aktion abgebrochen wurde. Nach letzten Informationen vom Frühjahr 2017 will Haustein nun versuchen, mit Tauchern das vermeintliche Geheimnis des Fortuna-Stollens zu ergründen. Es bleibt also spannend in Deutschneudorf!

KAPITEL I

Die Gemeinde Nobitz und der Leinawald

Die Gemeinde Nobitz

Nobitz ist eine Gemeinde im Landkreis Altenburger Land in Thüringen. Einige der angegliederten Ortsteile grenzen direkt an den Leinawald. Bekannt ist Nobitz in erster Linie durch den 1913 errichteten Flughafen Altenburg-Nobitz, heute besser bekannt als „Leipzig Altenburg Airport".

Als slawisches Dorf Nibodiz gegründet, wurde die Ortschaft erstmals 1166 urkundlich erwähnt. Lehnsherren waren während des 12. und 13. Jahrhunderts die Burggrafen von Altenburg, wobei aus dieser Zeit das Adelsgeschlecht von Nabedicz urkundlich als Lehnsnehmer erwähnt ist. Von 1400 bis 1623 befand sich das Rittergut Nobitz im Besitz der Familie von der Gabelentz. Es wechselte danach noch mehrmals seinen Eigentümer. Im verheerenden Dreißigjährigen Krieg wurde Nobitz zuerst 1631 und noch einmal 1634 geplündert und gebrandschatzt. Im Zuge der Napoleonischen Kriege waren im Jahr 1813 2.800 russische Soldaten in Nobitz einquartiert.

Nachdem Nobitz jahrhundertelang unter der Herrschaft verschiedener Ernestinischer Herzogtümer stand, wurde es 1918 dem Freistaat Sachsen-Altenburg zugeordnet, der 1920 im Land Thüringen aufging. Ab 1922 gehörte Nobitz zum Landkreis Altenburg.

Heute ist Nobitz nach der Eingemeindung verschiedener angrenzender Dörfer und dem Zusammenschluss mit der Gemeinde Saara die viertgrößte Kommune im Landkreis Altenburger Land.

Neben den in nahezu allen Ortsteilen zu findenden landestypischen Altenburger Vierseithöfen ist Nobitz auch auf Grund seiner Vielzahl von Kirchen sehenswert. Ein spezieller touristischer Anziehungspunkt

ist die „Flugwelt Altenburg-Nobitz", direkt am Flugplatz gelegen. Im dortigen Museum wird in verschiedenen Ausstellungen auf die Luftfahrt im Allgemeinen sowie auf die Geschichte des örtlichen Flugplatzes eingegangen. In der Außenanlage können Besucher verschiedene Flugzeugtypen und Hubschrauber besichtigen.

Der Leinawald

Der an die Ortschaft Nobitz angrenzende Leinawald ist ein etwa 1.837 Hektar großes Waldstück, dessen forstwirtschaftliche Nutzung sich bis in das Jahr 1418 zurückverfolgen lässt. Er besteht zum größten Teil aus Eichen- und Hainbuchen-Wäldern.
Mitte des 19. Jahrhunderts wurde der Leinawald kartographisch in einhundert quadratische Parzellen mit jeweils 333 Metern Seitenlänge gegliedert und durch präzise eingemessene Schneisen parallel zur etwa vier Kilometer langen Hauptachse eingeteilt. Die so entstandenen Quadranten entsprachen der im 19. Jahrhundert entwickelten Bewirtschaftungsmethode für staatliche Wälder. Den Auftrag hierfür erteilte das herzogliche Forstamt Sachsen-Altenburg.
Im südwestlichen Teil des Leinawaldes liegt eine ehemalige Kiesgrube, die noch während des „Dritten Reiches" betrieben wurde. Später wurde der nahegelegene Bach zum Spannergraben umgeleitet, so dass er durch das Gelände der ehemaligen Kiesgrube führt und damit heute eine Art künstlichen See bildet. Das Gelände um die ehemalige Kiesgrube ist für die nachfolgenden Betrachtungen von vorrangiger Bedeutung.

Der Flugplatz Altenburg-Nobitz

Im Jahr 1913 wurde auf dem bisher als Exerzierplatz genutzten Gelände am Leinawald der Flugstützpunkt Nobitz eingeweiht. Bereits 1911 hatten hier erstmals Flugtage mit Schauvorführungen von Ein- und Doppeldeckern stattgefunden.
Auf Grund der Verlegung der Flieger-Ersatz-Abteilung 1 der Luftstreitkräfte des Deutschen Reiches von Berlin-Adlershof nach Altenburg

wurde 1916 damit begonnen, das Fluggelände in Nobitz für militärische Zwecke herzurichten. Dazu wurden neben der Abholzung und Planierung einer Fläche von 110 Hektar eine Kläranlage geschaffen sowie Baracken und Flughallen errichtet. Eine 800 x 600 Meter große Grasfläche diente als Landebahn. Zudem wurde eine Fliegerschule zur Flugschülerausbildung für Frontverbände eingerichtet.
Nach dem Ende des 1. Weltkrieges kam es durch das Diktat des Versailler Vertrages zur allgemeinen militärischen Abrüstung in Deutschland, der auch der Flugplatz in Nobitz zum Opfer fiel. So wurden alle Hallen, Fluggeräte sowie sämtliche Ausrüstung auf Befehl der Siegermächte abgebaut und zerstört. In der Folgezeit fanden in Nobitz nur noch Rundflüge, Ballonfahrten und Luftsportveranstaltungen statt.
Nach der Machtübernahme durch die Nationalsozialisten wurden bereits 1933 Vorkehrungen für den Aufbau eines Militärflughafens in Nobitz getroffen. Da Deutschland noch in der Zwangsjacke des Versailler Vertrags steckte, wurden die Baumaßnahmen zunächst offiziell als Erweiterung des zivilen Flugplatzes Nobitz deklariert. Nach dem politischen Erstarken Deutschlands gab Hermann Göring, Oberbefehlshaber der deutschen Luftwaffe,1936 den Befehl für die Umwandlung von Nobitz in einen Militärstützpunkt der Luftwaffe.
Nun entstanden neue Start- und Landebahnen, Unterkünfte für Mannschaften, Unteroffiziere und Offiziere, Werftanlagen, sieben Flugzeughallen, Tankanlagen, Kontroll- und Ausbildungsgebäude, Prüfstände, ferner eine Funk-, Mess- und Wetterstation, ein Offizierskasino sowie weitere Sozialgebäude. Der Flugplatz wurde bis zum Kriegsende 1945 stetig erweitert.
Am 14. April 1945 besetzte die 6. US-Panzerdivision unter Generalmajor Robert W. Grow die nahegelegene Stadt Altenburg. Ein Verband nahm den Flugplatz in Nobitz. Bereits zwei Tage später nutzte das US-Militär den Platz unter der Bezeichnung „Flugplatz-Code-R-23“ für seine Zwecke.
Nach Ende des Zweiten Weltkrieges wurde Nobitz auf Grund der in der Konferenz von Jalta beschlossenen Aufteilung Deutschlands in vier alliierte Besatzungszonen an die sowjetische Armee übergeben. Diese vernichtete das gesamte übriggebliebene deutsche Kriegsmaterial und

demontierte bis auf zwei Flugzeughallen den gesamten Baubestand des Flugplatzes, um diesen in die Sowjetunion zu verbringen.
Erst ab dem Jahre 1952 wurde damit begonnen, den Platz für eine erneute militärische Nutzung aufzubauen. In der Folgezeit waren hier strahlgetriebene Jagdflugzeuge stationiert.
Zur angrenzenden Ortschaft hin wurden Sichtblenden aus Holz aufgestellt, da die Start- und Landebahn in nordöstlicher Richtung auf 1.800 Meter verlängert worden war. Zudem wurden auf dem zuvor abgeholzten Waldgebiet neue Bunker und Baracken, Hangars und einfache Splitterschutzgräben sowie Flak-Stellungen errichtet. Viele Fahrzeughallen und eine weitläufige Kasernenanlage entstanden im angrenzenden Leinawald. Dort wurde unter dem Tarnnamen „Stolbik" in den 1970er Jahren auch ein Stützpunkt für Nuklearwaffen des Typs SS-20 errichtet.

Zu Beginn der 1960er Jahre erfolgte eine zweite Ausbauphase, bei der die Start- und Landebahnen verlängert, Fanganlagen installiert und Boden-Luft-Raketen zu Luftabwehr stationiert wurden. Während der dritten Ausbaustufe in den 1970er Jahren entstanden Hubschrauberlandeplätze und eine Unterflur-Tankanlage. Zwischenzeitlich nutzten auch immer wieder die Streitkräfte der DDR, Polens und der ČSSR den Flugplatz in Nobitz.
Nach der politischen Wende in der DDR und der Wiedervereinigung Deutschlands blieben die sowjetischen Truppen noch einige Zeit auf dem Flugplatz in Nobitz. Am 15. Juni 1992 zogen sie ab und übergaben ihn offiziell an die deutschen Behörden. Bereits im Januar des gleichen Jahres wurde die „Flugplatz Altenburg-Nobitz GmbH" gegründet, welche die militärische Anlage in einen Zivilflughafen umwandelte. Start- und Landebahnen wurden überholt, ein neuer Tower und ein Passagierabfertigungsgebäude errichtet. In der Folgezeit nutzten verschiedene Billigfluglinien den Platz, der heute den stolzen Namen „Leipzig-Altenburg Airport" trägt. Auf Grund zu geringer Fluggästezahlen finden seit 2011 jedoch keine Linienflüge mehr statt, so dass der Flughafen in Nobitz nur noch für Charterflüge genutzt wird.

KAPITEL II

Der Leinawald im Dritten Reich

Seit dem Jahr 1923 befand sich am südwestlichen Rand des Leinawaldes eine staatliche Kiesgrube. Ab März 1934 pachtete der Bauunternehmer Wilhelm Alfred Ebert die Kiesgrube und intensivierte die Kiesförderung. Das war auch dringend notwendig, da für die großangelegte Umwandlung des Flugplatzes Nobitz in einen Militärflughafen in den folgenden Jahren große Mengen an Baumaterial benötigt wurden.

Mike Vogler mit baulichen Resten im Leinawald

Bereits am 26. Oktober 1934 hatte die Luftaufsicht des Deutschen Reiches den damaligen Betreibern des Flugplatzes Nobitz in einem internen Schreiben jede weitere zivile Bebauung untersagt.
Schon zu Beginn der militärischen Nutzung Nobitz' ab 1936 versuchte die deutsche Luftwaffe, das Gelände durch Landkäufe zu vergrößern. Mit dem Besitzer des Geländes, dem Staatsfiskus Thüringen, konnte man sich schnell einig werden – und das Territorium des Flughafens wurde in nordöstlicher Richtung bis an die Steilkante des Leinawaldes ausgedehnt.
Zeitzeugen aus Nobitz berichten, dass danach an jener Steilkante mit Erdarbeiten begonnen wurde. Obwohl das Gebiet streng abgeschirmt war, konnten die Zeugen beobachten, dass augenscheinlich ein Tunnel in den Hang getrieben wurde. Die begonnenen Arbeiten am vermeintlichen Tunnelsystem im Leinawald müssen von streng geheimer Natur gewesen sein, da die zuständigen Stellen der Militärverwaltung in der

Mysteriöse Bauzeichen im Leinawald

Folgezeit immer wieder versuchten, in der Nähe des Fliegerhorstes ansässige Privatfirmen zur Aufgabe ihres Betriebes zu zwingen.

So wurde beispielsweise der Baustoffhersteller Curt Leichsenring, mit seiner Firma seit 1929 ortsansässig, durch ein Schreiben vom 27. September 1934 aufgefordert, eine im militärisch sensiblen Bereich gelegene Straße mit seinen Fahrzeugen nicht mehr zu benutzen. Anzumerken ist, dass es sich hier um eine öffentliche Straße handelte, über welche das Militär keinerlei Verfügungsgewalt hatte. Da Leichsenring diese Forderung ignorierte, stellte das Luftamt Dresden am 12. Februar 1935 an das Land Thüringen eine schriftliche Anfrage, für wie lange der Pachtvertrag mit der Firma Leichsenring geschlossen sei und ob die Möglichkeit bestünde, das Mietverhältnis vorzeitig zu kündigen. Auch Wilhelm Alfred Ebert, Betreiber der erwähnten Kiesgrube, bekam schnell die Willkür der nationalsozialistischen Machthaber zu

Geflutete Kiesgrube im Leinawald

spüren. Ab 1933 wurde er von staatlicher Seite gezwungen, nur noch Arbeiter des Reichsarbeitsdienstes (RAD) zu beschäftigen, für die ganz in der Nähe der Kiesgrube ein Barackenlager errichtet wurde. Nach dem Tod des erst kürzlich eingesetzten Pächters August Erbe im Jahr 1942, der die Kiesgrube vom vorherigen Pächter übernommen hatte, beschlagnahmte die Luftwaffe kurzerhand die Kiesgrube. Die Arbeiten übernahmen nun sowjetische Kriegsgefangene, die im ehemaligen RAD-Barackenlager interniert waren. Ab diesem Zeitpunkt scheint es auch in der Kiesgrube militärische Baumaßnahmen gegeben zu haben. Auf Grund der örtlichen Gegebenheiten erfolgte der Kiesabbau zum Teil unterirdisch, und zwar in einer Steilwand des Leinawaldes, so dass hier große Hohlräume entstanden waren. Zeugen berichteten, dass die Kriegsgefangenen große Mengen an Bauholz in die Hohlräume bringen mussten, das dann anscheinend weiterverarbeitet wurde.

Obwohl auch die Kiesgrube nun rund um die Uhr von Angehörigen der Luftwaffe bewacht wurde, scheinen die Sicherheitsvorschriften hier nicht so hoch wie auf dem Flugplatz gewesen zu sein. So hatte

Reste von Bausubstanz im Leinawald

die Dorfjugend von Nobitz die durch das Grundwasser in der Kiesgrube entstandenen Tümpel als Badestelle auserkoren. Klaus Scheler, einer dieser Jugendlichen, wusste später Folgendes zu berichten: „Gern strolchten wir in dieser Zeit im Leinawald herum. Unten in der abgesoffenen Sandgrube hatte ich vor Jahren schwimmen gelernt. [...] Im letzten Herbst hatten die Soldaten des nahegelegenen Fliegerhorstes in die Steilwand der Nordseite einen Luftschutzstollen gegraben. Einmal erlaubte uns ein Wachsoldat, durch den Stollen zu gehen. Über 200 Meter konnte man drin laufen und kam in einem großen Kreisbogen 50 Meter neben dem Eingang wieder ans Tageslicht. Allerdings konnte uns der Soldat nicht sagen, warum man diesen Schutzstollen, der nur aus diesem langen, schmalen Gang bestand, überhaupt gegraben hatte, denn die Gebäude des Fliegerhorstes waren über 500 Meter entfernt."[13]

Tatsächlich erscheint die Nutzung dieses bogenförmigen Stollens als Schutzeinrichtung zunächst absurd. Die Aussage der Zeitzeugin Erika Geyer bringt jedoch Licht ins Dunkel. Erika Geyer war im Rahmen

Ein Stahlseil kommt mitten im Wald aus dem Boden.

ihres „Pflichtjahres" beim „Reichsarbeitsdienstes" zeitweilig in der Verwaltung des Flugplatzes beschäftigt. Während eines Fliegeralarms suchte sie Schutz in einem Luftschutzbunker, bei dem es sich laut ihrer Beschreibung um den bogenförmigen Schutzstollen in der Nordwand der Kiesgrube handelte. Am Scheitelpunkt des Stollens sah Erika Geyer eine geöffnete Stahltür, von der aus Betonstufen in ein scheinbar viel größeres Bunkersystem führten. Dass diese Stahltür und das Bunkersystem keine Einbildung der Zeugin waren, belegen Nachforschungen von Mitarbeitern des MfS der DDR, die bei Grabungen an dieser Stelle tatsächlich eine Stahltür fanden. An späterer Stelle dazu mehr.

Auch auf bestimmte Waldabschnitte des Leinawaldes hatte es die Luftwaffe abgesehen. Es handelte sich dabei um Abschnitte, die oberhalb der Steilwand am Fliegerhorst lagen, in welche bereits ein Stollen getrieben war. Es ist davon auszugehen, dass in diesem Teil des Leinawaldes Zugänge zum vermeintlichen Bunkersystem geschaffen werden sollten bzw. wurden. Allerdings verzögerten sich die bereits 1936 begonnenen Verkaufsverhandlungen mit dem Forstamt Wilchwitz-Kraschnitz, in

Möglicher Einstieg in die Bunkeranlage im Leinawald

dessen Besitz sich dieses Waldstück befand. Der erforderliche Grundbucheintrag erfolgte erst im Jahr 1944, was die Luftwaffe jedoch nicht davon abhielt, streng abgeschirmte Baumaßnahmen durchzuführen.
Auf Grund der zugrunde liegenden Informationen ist zweifelsohne davon auszugehen, dass die deutschen Militärbehörden in Nobitz einen großangelegten unterirdischen Bunkerkomplex im Leinawald errichteten. Obwohl die zuständigen Stellen bis heute die Existenz einer solchen Anlage vehement leugnen, ist die Bevölkerung in und um Nobitz von deren Existenz jedoch fest überzeugt. Nicht wenige Zeitzeugen berichteten, dass sie die Überreste der Anlage nach dem Krieg besichtigt hätten. Es war ihnen allerdings nur möglich, kleine Teile der Bunkeranlage zu betreten, da die in Nobitz stationierten Soldaten kurz vor Kriegsende versucht hatten, die Eingänge mittels Sprengungen unzugänglich zu machen.
In diesem Zusammenhang sind die Aussagen von Hans Müller aus Nobitz von großem Interesse, der am 22. April 1945 ganz Außergewöhnliches erlebte. Es war damals eine aufregende Zeit für den zwölf-

Überall im Leinawald finden sich Stahlbetonteile.

jährigen Jungen. Erst vor einigen Tagen waren amerikanische Truppen im Ort einmarschiert und waren im Begriff, den Flugplatz für ihre Zwecke nutzbar zu machen. An jenem bewussten Apriltag stand Hans Müller am geöffneten Flurfenster im ersten Stock des elterlichen Hauses und beobachtete die Aktivitäten der amerikanischen Soldaten auf dem Horst. Plötzlich erhob sich ein ohrenbetäubender Lärm, der von zwei Flugzeugen stammte, die, aus Südosten kommend, über das Haus donnerten. Die Maschinen rasten auf den Flugplatz zu und Hans Müller sah zu seiner Verwunderung Hakenkreuze auf den Seitenrudern. Kurz darauf begann die Bombardierung, welche nur wenige Augenblicke dauerte. Hans Müller zählte zwölf Detonationen, Rauchwolken stiegen auf, Erdfontänen wurden in die Luft geschleudert. Es hatte den Anschein, als ob ein Teil der Bomben in den Leinawald abgeworfen wurde. Nur Sekunden später flogen die Flugzeuge zurück in die Richtung, aus der sie gekommen waren. Dieser Vorfall, der manchem Bewohner von Nobitz wie ein Spuk vorkam, war tagelang Gesprächsthema im Dorf. Grund war die Tatsache, dass die Bombardierung anscheinend nicht dem Flugplatz gegolten hatte, denn alle amerikanischen Soldaten einschließlich ihres Kriegsgerätes waren unversehrt geblieben. Keine Bom-

Auch hier Betonteile mitten im Wald

be hatte direkt den Fliegerhorst getroffen. Vielmehr hatten die beiden mysteriösen Flugzeuge die Hangkanten des Leinawaldes bombardiert und so die Zugänge zum Bunkersystem fast restlos zerstört.
Die Dorfbewohner waren sich sicher, dass die Anlage im Leinawald etwas ganz besonders Wichtiges für die Machthaber des untergehenden Dritten Reiches sein musste, wenn die Luftwaffe Tage nach der amerikanischen Besetzung Flugzeuge schickte, um die Zugänge endgültig zu zerstören. Die US-Soldaten indes schienen sich nicht großartig für den Vorfall zu interessieren, hielten ihn wohl für einen missglückten Angriff auf den Flugplatz.
An dieser Stelle stellt sich die Frage, zu welchem Zweck die unterirdische Anlage im Leinawald eigentlich errichtet worden war. Hier gehen die Ansichten von Heimatforschern und Hobby-Historikern weit auseinander. Von einer unterirdischen Start- und Landebahn ist die Rede, von geschützten Stellplätzen für die Flugzeuge der deutschen Luftwaffe oder auch von einer unterirdischen Rüstungsproduktion. Doch auch von der Einlagerung von Kunstschätzen, Devisen und Gold wird gesprochen. Tatsächlich sind die Bodenverhältnisse im Leinawald geradezu prädestiniert für die Deponierung von Wertgegenständen. Der Waldboden besteht aus einer fünfzig bis neunzig Zentimeter dicken Humusschicht, darunter liegt reiner Geschiebelehm. Die wiederum unter dem Lehm liegenden Schichten setzen sich aus Ton und Kaolin zusammen. Diese sind bis zu drei Meter stark und so gut wie wasserundurchlässig. Wasser versickert also nicht, sondern wird im Waldboden gespeichert und fließt bei Übersättigung als Oberflächenwasser ab.
Ideale Bedingungen also für eine unterirdische Anlage. Auf Luftbildaufnahmen des Flugplatzes und des angrenzenden Leinawaldes aus den letzten Kriegsmonaten ist eine rege Betriebsamkeit erkennbar. Eine große Anzahl von Transportflugzeugen ist auszumachen, zudem sind Stapel mit Holzkisten zu sehen, die scheinbar zur Einlagerung nach Nobitz gebracht wurden. Anwohner berichteten auch von vermehrten Bahntransporten, die den Ort in jener Zeit erreichten und aus denen Kisten entladen wurden. Was wurde in der Anlage im Leinawald eingelagert? Bis heute gibt es darauf keine befriedigende Antwort.

KAPITEL III

Der Leinawald nach 1945

Die Rote Armee und das Ministerium für Staatssicherheit (MfS) im Leinawald

Das sowjetische Militär versuchte nach der Übernahme des Flugplatzes in Nobitz die gesprengten Zugänge zu den Hohlräumen an der Steilwand zu öffnen. Allerdings wurde die Suche nach der vermeintlichen Bunkeranlage nicht wirklich konsequent durchgeführt. Soldaten versuchten mit Spaten und Spitzhacken, die wenigen, trotz der Sprengungen noch vorhandenen Öffnungen zu erweitern. Weit kamen sie indes nicht. Schweres Baggergerät wurde auch nicht eingesetzt, da die sowjetische Militärführung der Ansicht war, der Aufwand lohne sich nicht. Viel wichtiger waren umfangreiche Erdarbeiten im Leinawald, die unter strengsten Sicherheitsvorkehrungen durchgeführt wurden. Große Teile des Waldes wurden zu militärischem Sperrgebiet erklärt, das Betreten war für Privatpersonen strengstens verboten. Nach dem Ende des Kalten Krieges wurde bekannt, dass hier SS-20 Raketen mit atomaren Gefechtsköpfen stationiert waren.
Der Betrieb der Kiesgrube am Leinawald wurde schon kurz nach Ende des Krieges wieder aufgenommen. Der Wiederaufbau Deutschlands verlangte nach ungeheuren Mengen Baumaterial, so dass auch in Nobitz die Kiesförderung viel intensiver als vor und während des Krieges vorangetrieben wurde. Der Abbau dehnte sich in östliche Richtung aus, so dass der zugesprengte Stollen in der Kiesgrube außen vor blieb. Die Arbeiter wussten nichts von diesen Hohlräumen, verwendeten jedoch ein noch vorhandenes Mundloch als Sammelstelle für Fundmunition, die es im Bereich der Kiesgrube reichlich gab.
Im Jahr 1964 wurde das Ministerium für Staatssicherheit der DDR (MfS) auf die Kiesgrube im Leinawald aufmerksam. Ein ehemaliger Arbeiter der Kiesgrube hatte die Behörde auf ein unterirdisches Stollensystem aufmerksam gemacht, in dem möglicherweise Kunstschätze

Reste der Gleisanlage im Leinawald

aus der Zeit des Dritten Reiches eingelagert waren. Mit Genehmigung des übergeordneten Ministeriums des Inneren (MdI) wurde eine Sonderkommission, ausgerüstet mit entsprechender Technik, in die Kiesgrube beordert. Dort konnte sie an der bezeichneten Stelle auch das mittlerweile zugeschüttete Mundloch des Stollens lokalisieren. Dabei war auch der damalige Oberförster des Leinawaldes anwesend. Zunächst wurde versucht, von der Kiesgrube aus zum Eingang des Bunkersystems vorzudringen. Diese Bemühungen scheiterten allerdings. Der bewusste ehemalige Arbeiter hatte die Sonderkommission jedoch

von dem bogenförmigen Stollen informiert, in dem der eigentliche Zugang zur unterirdischen Anlage mit der von Erika Geyer erwähnten Stahltür lag. Mittels mathematischer Berechnungen konnte der Scheitelpunkt des Stollens ermittelt werden, wo der Eingang zur Anlage liegen sollte. Hier, oberhalb der Kiesgrube, wurde dann mit einem leistungsfähigen Bagger versucht, dem Stollen aus dieser Richtung beizukommen. Es wurde eigens eine schräge Rampe angelegt, damit der Bagger mit seiner Schaufel immer tiefer in den Boden eindringen konnte. Nach zwei Tagen fast ununterbrochener Arbeit stießen die Mitarbeiter des MfS in einer Tiefe von achtzehn Metern auf die Reste des erhofften Stollens. Nach weiteren Grabungen mit Handwerkzeugen wurde dann tatsächlich die erwähnte Eisentür gefunden. Mit einiger Mühe konnte die Tür geöffnet werden, worauf aus dem Inneren der nach Jahren jetzt wieder offenen Anlage sofort ein widerlich stinkendes Gas entwich. Dabei handelte es sich vermutlich um sogenanntes Faulgas, das sich oft in lange verschlossenen Räumen bildet. Nachdem sich der Gestank verzogen hatte, betraten die Mitarbeiter des MfS die

Ehemalige Schießanlage im Leinawald

Anlage, kehrten jedoch nach kurzer Zeit an die Oberfläche zurück. Dort angekommen, wies der Grabungsleiter den Baggerführer an, die Grube sofort wieder zuzuschütten.

Über den Grund für diesen abrupten Abbruch der Mission wird bis heute gerätselt. Hatte der Grabungsleiter etwas entdeckt, was nicht den Vorstellungen des MfS entsprach oder hatte ihn schlichtweg die schlechte Luft im Bunker vertrieben? Es besteht auch die Möglichkeit, dass sich der Grabungsleiter nicht weiter vorwagte, da man sich, wenn auch unterirdisch, auf sowjetischem Sperrgebiet befand. Um eventuellen politischen Streitigkeiten mit den Besatzungsbehörden aus dem Weg zu gehen, brach der Grabungsleiter die weitere Erforschung der Anlage kurzerhand ab.

Dass die Behörden der DDR jedoch weiterhin Interesse an der Bunkeranlage im Leinawald hatten, beweist ein Maßnahmenplan der „Deutschen Volkspolizei" in Dresden vom 17. März 1965, in dem die Beräumung munitionsverseuchten Geländes im Bezirk Leipzig geregelt wurde.

Da ein Abdruck des Dokuments aus urheberrechtlichen Gründen nicht möglich ist, sollen im Folgenden die relevanten Passagen zitiert werden:

> *„Bezeichnung des zu beräumenden Geländeteils: Leinawald, Kreis Altenburg*
> *Beschreibung des Geländeteils: Sandgrube Beton- und Kieswerk Nobitz und Waldgelände*
> *Art der Verseuchung: unbekannte Fliegerbomben (unterirdischer Bunker 20 m Tiefe, Flugplatz und Luftschutzbunker)*
> *Vorgesehene Beräumungszeit: 1966 – 1 Jahr*
> *Anzahl der Beräumungskräfte: 10*
> *Technische Mittel: Bagger"*[14]

Aus diesem Dokument ergibt sich ein möglicher Grund für den überstürzten Abbruch der Untersuchung der Bunkeranlage durch das MfS. Der Grabungsleiter war wohl auf die erwähnten Fliegerbomben gestoßen und daher aus Sicherheitsgründen wieder umgekehrt, um die Anlage erst vom Kampfmittelräumdienst untersuchen zu lassen. Das ist durchaus nachvollziehbar. Viel interessanter für unsere Betrachtun-

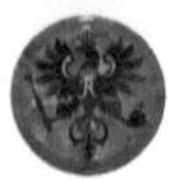

gen ist jedoch die Tatsache, dass die zuständigen Behörden der DDR und damit auch ihre Nachfolger in der Bundesrepublik Deutschland Kenntnis von einer unterirdischen Anlage im Leinawald hatten. Offiziell wird diese Tatsache bis heute immer wieder bestritten.

Ein geheimnisvoller Besucher

Im Oktober 1994 hatte Hilmar Prosche aus Oberarnsdorf, nur wenige Kilometer vom Leinawald entfernt, eine merkwürdige Begegnung. Die Kollegen seiner Firma, einer Spedition mit Sitz in der Nähe des Flugplatzes in Nobitz, veranstalteten, wie so oft, am Freitag nach getaner Arbeit einen gemütlichen Grillabend. Prosche stand gerade am Grill, als ein ihm unbekannter älterer Herr das Firmengelände betrat und zielgerichtet auf ihn zusteuerte. Der Mann grüßte höflich und stellte sich als Ernst Korcowicz aus Österreich vor. Die Männer kamen ins Plaudern und Korcowicz erzählte, dass er während des Krieges auf dem Nobitzer Flugplatz stationiert war. Nach dem Krieg sei er nach Österreich ausgewandert, wo er bis zum Rentenalter einen einträglichen Viehhandel betrieb. Bevor ihm sein fortgeschrittenes Alter das Reisen unmöglich machen würde, hatte er noch einmal den Ort seiner Stationierung besuchen wollen. Korcowicz hatte das Flugplatzgelände bereits besichtigt, fand sich jedoch wegen der vielfältigen Umbauten nicht mehr zurecht. Prosche bot sich für eine Führung an und brachte den Besucher zum ehemaligen Eingang des Flugplatzes, der zur damaligen Zeit noch vorhanden war. Nun fand sich Korcowicz wieder an seiner früheren Wirkungsstätte zurecht und erzählte begeistert von seiner Dienstzeit in Nobitz. Prosche war ein dankbarer Zuhörer, da er sich schon lange für die geheimnisvollen Geschichten über den Flugplatz und die vermeintliche unterirdische Anlage im Leinawald interessierte. Daher stimmte er auch begeistert zu, als Korcowicz für den nächsten Tag einen Ausflug in den Leinawald vorschlug. Während die beiden am Folgetag den Wald durchstreiften, schien es Prosche, als ob Korcowicz spezielle Stellen suchte, da er immer wieder stehen blieb, um sich zu orientieren und ihm an bestimmten Punkten im Gelände ein mehr als zufriedenes Lächeln über sein ansonsten ernstes Gesicht

huschte. Es schien so, als wolle er nach den vielen Jahren nachschauen, ob im Leinawald alles noch in „Ordnung“ sei. Prosche frohlockte insgeheim, hatte er doch immer wieder davon gehört, dass die Nazis kurz vor Kriegsende im Leinawald einen Schatz vergraben hätten. Nun war er hier in Begleitung eines Mannes, der womöglich dabei gewesen war.

Eine von Ernst Korcowicz bezeichnete Stelle

Tatsächlich deutete Korcowicz beim Verlassen des Waldes mit einer ausladenden Handbewegung auf das Gelände und sagte: „Das Bernsteinzimmer wurde hier eingelagert und alles was noch fehlt!" Prosche war sprachlos. Er hatte mit Gold und Devisen gerechnet, doch dass hier das legendäre Bernsteinzimmer verborgen sein sollte, verschlug ihm die Sprache. Ehe sich Prosche von dieser unerwarteten Offenbarung erholen konnte, hatte sich Korcowicz mit einem kurzen Händedruck verabschiedet und war verschwunden.

Prosches Jagdeifer war geweckt. Die Geschichten über den Schatz im Leinawald waren nun keine bloßen Gerüchte mehr, ein Beteiligter hatte ihm tatsächlich versichert, dass nichts Geringeres als das Bernsteinzimmer in der unterirdischen Anlage im Leinawald versteckt war. Monatelang wälzte Prosche in Archiven alte Akten aus der Zeit des Dritten Reiches, sprach mit Zeitzeugen aus Nobitz und durchforstete den Leinawald, immer auf der Suche nach einem Hinweis auf das Schatzversteck. Auf einen Eingang in die Unterwelt des Leinawaldes stieß er zwar nicht, aber die gesammelten Informationen boten ihm eine fast lückenlose Indizienkette, dass die Nationalsozialisten tatsächlich eine großangelegte Bunkeranlage errichtet hatten, in welcher sie kurz vor Kriegsende Gold, Devisen, Akten und Kunstschätze eingelagert hatten – möglicherweise sogar das Bernsteinzimmer.

Im Herbst 1995 verfasste Prosche ein Schreiben an das Bundesministerium des Innern, in welchem er sein gesammeltes Insiderwissen den Behörden anzeigte. Am 7. November 1995 erhielt er ein Antwortschreiben mit folgender ernüchternder Antwort:

„Sehr geehrter Herr Prosche,

Ihr Schreiben, mit dem Sie mir einen Hinweis zum Verbleib des Bernsteinzimmers gaben, habe ich dankend erhaltend.

Die Bundesregierung verhandelt mit Russland und anderen Staaten über die Rückführung kriegsbedingt verbrachter Kulturgüter. Die Verhandlungen mit Russland könnten schneller zu einem positiven Ergebnis führen, wenn das Bernsteinzimmer aufgefunden und den Russen zurückgegeben werden könnte.

Täglich gehen bei mir Hinweise zum Verbleib des Bernsteinzimmers ein. Es ist mir aus zeitlichen und finanziellen Gründen nicht möglich,

all diesen oft vagen Hinweisen nachzugehen. Nach der bisherigen Erkenntnislage gehe ich davon aus, dass das Bernsteinzimmer in Königsberg verbrannt ist. Das Bundesministerium des Inneren wird jedoch dann tätig, wenn zu diesem Thema plausible Darstellungen übermittelt werden, die eventuell zum Auffinden anderer wertvoller und bisher verschollener Kulturgüter führen können.
Ich habe eine Ablichtung Ihres Schreibens dem Thüringer Ministerium für Wissenschaft und Kunst mit der Bitte übersandt, damit die von Ihnen gegebenen Angaben überprüft werden können."[15]
Wenn sich Hilmar Prosche auch ein wenig mehr Interesse der Behörden erhofft hatte, ein Anfang war immerhin gemacht. Und in der Tat nahm sich das Thüringer Ministerium der Angelegenheit an und organisierte im Frühjahr 1996 eine Grabung im Leinawald. Diese Aktion warf jedoch am Ende mehr Fragen auf, als sie Antworten lieferte. Im folgenden Abschnitt dazu mehr.

Ein amerikanischer Schatzjäger im Leinawald

Bei verschiedenen Entscheidungsträgern im Thüringer Ministerium für Wissenschaft und Kunst schien Hilmar Prosches Engagement aber doch einen gewissen Eindruck hinterlassen zu haben, denn für das Frühjahr 1996 wurde von offizieller Seite der professionelle Schatzsucher Norman Scott aus den USA in den Leinawald eingeladen. Er sollte mit seinem Team ein für alle Mal das Geheimnis um die vermeintliche Bunkeranlage und die darin verborgenen Kunstschätze lösen. Der auf seinem Gebiet weltweit anerkannte Spezialist schien genau der richtige Mann für diese Aufgabe zu sein.
Anfang April 1996 reisten Scott und seine Mitarbeiter an und nahmen im Hotel „Am Rossplan" in Altenburg Quartier. In seinem Gefolge befand sich auch ein Fernsehteam des Senders CBS, welches im Leinawald die Auftaktfolge für eine Abenteuerserie über den Schatzsucher drehen wollte. Auch der bereits erwähnte Ernst Korcowicz aus Österreich war vom Ministerium eingeladen worden und logierte ebenfalls im Hotel „Am

Rossplan". Dort kam es zu einem folgenschweren Zusammentreffen, bei dem auch Hilmar Prosche anwesend war.
Korcowicz war empört, dass statt deutscher Presse und Fernsehen nur ein amerikanisches Fernsehteam vor Ort war. Möglicherweise hatte er sich ob seines fortgeschrittenen Alters dazu entschlossen, Teile seines geheimen Wissens über den Leinawald preiszugeben, aber mit Sicherheit keinem sensationsheischenden Fernsehsender aus den USA. Es kam zu einem erbitterten Streit, in dessen Folge Korcowicz mit seiner sofortigen Abreise drohte. Mit Mühe konnte ihn Hilmar Prosche davon abhalten.
Obwohl Prosche den aufgebrachten Korcowicz dazu bewegen konnte, am nächsten Tag mit in den Leinawald zu kommen, um den Bemühungen des Teams von Norman Scott beizuwohnen, lehnte dieser jegliche Zusammenarbeit mit dem amerikanischen Schatzsucher ab.
Scott hatte sich nach Informationen seiner Auftraggeber drauf verlassen, dass ihm ein Zeitzeuge detaillierte Informationen liefern würde, wo er zu graben habe. Nun hatte er ein riesiges Waldgebiet vor sich und wusste nicht, wo er mit seiner Suche beginnen sollte. Immerhin war der frühere Oberförster anwesend, welcher der Grabung des MfS im Jahr 1964 beiwohnte. Dieser verwies den US-Amerikaner auf die relevante Stelle, an der das MfS seine damalige Bohrung angesetzt hatte. Der Schatzjäger ließ den betreffenden Ort mit einem Bodenradar überprüfen, fand ihn aber wenig ergiebig. Die Instrumente seiner Mitarbeiter zeigten vielmehr etwa fünfzig Meter entfernt eine interessante Stelle an. Ohne auf die Einwände des pensionierten Försters zu hören, begannen Scotts Männer, mit den mitgebrachten Baggern zu graben.
Das Ergebnis war mehr als ernüchternd. Die vermeintliche Fundstelle entpuppte sich als illegale Mülldeponie, wo Forstarbeiter und Anwohner seit Jahren ihren Müll entsorgt hatten. Einige vergrabene Stahlelemente hatten die Ortungsgeräte der Schatzsucher wohl in die Irre geführt.
Unter den Anwesenden machte sich Ratlosigkeit breit. Alle Augen richteten sich auf Ernst Korcowicz. Dieser sagte nur: „Hier ist es nicht! Alles ist falsch."[16]
Mit diesen Worten verließ Korcowicz den Leinawald und kehrte nie wieder zurück.

Norman Scott und seine Mitarbeiter verließen Nobitz wütend und enttäuscht, in ihrem Gefolge das Fernsehteam von CBS, welches keinerlei verwertbares Material für seine neue Fernsehserie mit nach Hause bringen konnte.
In der deutschen Politiklandschaft verursachte die missglückte Aktion einigen Wirbel. Erhebliche Kosten waren entstanden, bundesweit erscheinende Presseorgane hatten Informationen erhalten und wie so oft sensationsheischende Halbwahrheiten verbreitet, zudem verbreiteten sich Gerüchte in ganz Thüringen. Von Seiten der Politik musste also schnell gehandelt werden. Nur wenige Monate nach der misslungenen Suche von Norman Scott traf sich eine illustre Gruppe von Personen im Leinawald, darunter der Vorstand der Thüringer Forstbehörde, ein Vertreter des Thüringer Ministeriums für Landwirtschaft, Naturschutz und Umwelt (TMLNU), ein Sachverständiger des Bundesministeriums des Inneren aus Berlin, sowie der frühere Forstamtleiter. Ziel der Zusammenkunft war es, über das weitere Vorgehen in Bezug auf die Bunkeranlage im Leinawald zu entscheiden. Nach ausufernden Diskussionen wurde man sich einig, den berühmten „Mantel des Schweigens“ über die ganze Angelegenheit zu breiten. Für weitere Grabungen und zu erwartende Munitionsbergungen hatte das Land Thüringen kein Geld, zudem fürchtete man, der Leinawald könne zu einem „Wallfahrtsort“ für Neonazis werden.
Kurze Zeit später ordnete die oberste Forstbehörde Thüringens rechtsverbindlich an (Auszug):

> *„Das Forstamt hat bis auf Widerruf durch das TMLNU keine weiteren Maßnahmen am Standort des Bunkers oder in dessen unmittelbarer Umgebung zu dulden, welche eine Erkundung oder Öffnung des Bunkers bewirken könnten.“*[17]

Dieser Beschluss gilt bis zum heutigen Tag!

KAPITEL IV

Die Leinawald-Forschung heute

Mirko Kühn mit dem Findling im Leinawald

Mittlerweile gibt es eine Vielzahl von Heimatforschern und Forschergruppen, die versuchen, die vermeintliche unterirdische Anlage im Leinawald zu lokalisieren und zu erkunden. Stellvertretend sei an dieser Stelle Co-Autor Mirko Kühn genannt, welcher die Arbeit von Hilmar Prosche fortsetzt, der sich aus gesundheitlichen Gründen aus der aktiven Forschung zurückziehen musste. Mirko Kühn ist ein junger, engagierter Heimatforscher, der sich zum Ziel gesetzt hat, die Rätsel um den Leinawald restlos zu klären. Und es sieht ganz danach aus, als sei er auf dem besten Wege, die Geheimnisse des Leinawaldes zu entschlüsseln.

Im folgenden Abschnitt berichtet Mirko Kühn persönlich von seiner Arbeit.

Erkundungsarbeit über die unterirdische Anlage aus der NS-Zeit im Leinawald

Es war Sommer 2013, ich saß am Computer und suchte im Internet ein altes Foto aus der Zeit Kaiser Wilhelms II. vom Fliegerhorst Klausa bzw. jetzt Flugplatz Altenburg-Leipzig (Nobitz). Es sollte ein Geburtstagsgeschenk für einen Freund werden.

Bei dieser Suche stieß ich rein zufällig auf die Internetseite des Hei-

Das Bodenradar von Dipl.-Ing. Peter Lohr

matforschers Hilmar Prosche. Ich las mir seine Internetseite durch und fand sie sehr interessant. Bis dahin hatte ich mich nicht für die Geschichte des Leinawaldes interessiert. Plötzlich war meine Neugier geweckt, und besonders hatte mich der große Findling im Leinawald interessiert. Der Heimatforscher machte aber keine Angaben zum Standort dieses Steines. Es blieb also nichts weiter übrig, als auf die Suche zu gehen. Da ich keine Ahnung hatte, wo ich die Suche beginnen sollte und das Gelände sehr groß ist, schien dieses Unternehmen zunächst ziemlich aussichtslos. Ich brauchte also mehr Informationen. Meine Suche nach dem bewussten Findling setzte ich im Internet fort. Dabei stieß ich auf ein Forum, welches sich mit geheimnisvollen Orten unserer jüngeren Geschichte beschäftigt. Beim Durchlesen der Beiträge wurde ich gefesselt von einstigen geheimen Aktivitäten im betreffenden Gebiet. Hierbei gewann ich auch Information über den genauen Standort des Findlings. Mit dieser neu gewonnenen Erkenntnis begab ich mich mit einem Freund direkt vor Ort. Die Vegetation hatte nunmehr wenige Chancen, das gesuchte Objekt vor unseren Augen zu verbergen. Ein erstes Erfolgserlebnis, sollte doch dieser Stein laut Meinung von Heimatforscher Hilmar Prosche den Eingang zu einem unterirdischen Bauwerk weisen. Dies war am 8. Februar 2014. Ich erinnere mich deshalb so genau daran, weil an diesem Tag mein Arbeitskollege Geburtstag hatte und ich ihn vom Entdeckungsort anrief. Nebenbei bemerkt ist dies auch der Gründungstag der Staatssicherheit der ehemaligen Deutschen Demokratischen Republik. Zu diesem Zeitpunkt war uns noch nicht bewusst, wie sehr sich eben diese Organisation einstmals für die NS-Vergangenheit im betreffenden Gebiet interessierte!
An diesem besagten Tag machte mein Freund noch eine weitere interessante Entdeckung, welche Hilmar Prosches Theorie eines unterirdischen Bauwerks zu bestätigen schien.

Als wir uns auf den Heimweg begaben, hatten wir dann noch eine seltsame Begegnung mit zwei älteren Herren. Sie waren dunkel gekleidet, jedoch zu gut für einen Spaziergang in diesem Gelände. Als wir gerade losfahren wollten, stellten wir fest, dass diese zwei Herren gut in

Mirko Kühn und Dipl.-Ing. Peter Lohr bei der Feldforschung

Form sein mussten, da sie sehr schnell ihrem Fahrzeug mit Münchener Kennzeichen zueilten. Dieses Fahrzeug war unweit des unsrigen geparkt. Beim Verlassen unserer Parkbucht stellten wir fest, dass das Fahrzeug der beiden Herren auf einmal auf der Hauptstraße stand und auf etwas wartete. Wir befuhren die Hauptstraße Richtung Klausa. Die

beiden Herren nahmen die Verfolgung auf. Zuerst glaubten wir an einen Zufall. Als uns dann das Fahrzeug mit dem fremden Kennzeichen durch die verwinkeltsten Straßen von Nobitz folgte, wurde uns dann doch ein wenig unwohl. Um Gewissheit zu erlangen, bogen wir bewusst in eine Sackgasse ein, in der mehrere Passanten herumliefen. Das Fahrzeug blieb vor der Sackgasse stehen und wir sahen uns verunsichert an. Nach einer kurzen Weile entfernte sich das Fahrzeug wieder, wohl in dem Glauben, wir hätten unser Fahrtziel erreicht. Wir ließen einige Zeit verstreichen, bevor wir uns vorsichtig und über Umwege auf den Heimweg machten. An diesem Tag begegneten wir diesen Herren nicht noch einmal.

Die neue Entdeckung, die wir im Untersuchungsgelände gemacht hatten, war für uns der Anlass, mit Herrn Prosche in Kontakt zu treten. Die Kontaktaufnahme gestaltete sich anfangs etwas schwierig, da auf seiner Internetseite kein Impressum vorhanden ist. Über den hinterlegten E-Mail-Kontakt auf seiner Internetseite bekamen wir jedoch Antwort bezüglich der Telefonnummer des Herrn Prosche. Trotz mehrmaliger Versuche einer telefonischen Kontaktaufnahme bekamen wir Herrn Prosche nicht an den Apparat. Wir ließen uns jedoch nicht entmutigen. Über ein „Hintertürchen" gelang es uns, der aktuellen Anschrift des Herrn Prosche habhaft zu werden.

Wir entschieden uns, ihm auf gut Glück einen Besuch abzustatten. Wir klingelten an der Haustür und es wurde uns von seiner damaligen Lebensgefährtin geöffnet. Sie begrüßte die spontane Aktion nicht sonderlich, doch Herr Prosche glättete die Wogen und bat uns hinein. Wir schilderten unser Anliegen und konfrontierten ihn mit unserer Entdeckung.

Auf Grund der Fülle seines Wissens zum Thema war es notwendig, einen größeren Zeitraum für Gespräche einzuplanen. Daher wurde ein neuer Termin vereinbart.

Herr Prosche verfügt über einen großen Schatz von Dokumentenkopien und selbst gemachten Fotografien, welche er auf Grund der damals aktuellen Analogfotografie zu einer stattlichen Diasammlung archiviert hatte. Aus diesem Fundus hielt er uns einen mehrstündigen und sehr fesselnden Diavortrag. Diese Vorträge hielt er auch vor den zu-

ständigen Behörden, unter anderem auch vor dem Bundesministerium des Innern. Der Zuständigkeitsbereich unterlag dem Polizeikriminalamt Gera. Geführt wurde dieser Vorgang unter dem Aktenzeichen KII3-331 132/11 II und der Registriernummer 4014Js1003230/96. Unsere Köpfe begannen zu glühen und wir konnten es am Anfang gar nicht richtig fassen. Leicht wäre man geneigt gewesen, die Ausführungen des Herrn Prosche als Spinnerei abzutun. Jedoch verstand er es, all seine Erkenntnisse mit einleuchtenden Fakten und Fachwissen solide zu untermauern. Es bestand kein Zweifel mehr, dass Hilmar Prosches Arbeit keine sinnlose Fantasterei ist. Wenngleich wir aus heutiger Sicht nicht all seine Theorien zu einhundert Prozent unterstützen können, hat er uns eine unerschütterliche Basis geschaffen.
Vielen Dank Dir, lieber Hilmar!
Der Grundstein unserer jetzigen Forschung war somit gelegt. Er ist das massive Fundament, auf dem unser Gebäude der Erkenntnis heute steht. Zudem entwickelte sich zwischen Hilmar und uns ein tiefes, freundschaftliches Verhältnis. Seiner Bitte entsprechend führen wir seine Forschungsarbeiten weiter, die er aus gesundheitlichen Gründen leider einschränken muss. Es ist uns eine Ehre und erfüllt uns mit Stolz, dass er uns hiermit sein vollstes Vertrauen schenkt.
Hilmar war von unserer Entdeckung angetan und schlug vor, mit uns ins Gelände zu gehen. Er wollte die Entdeckung persönlich sehen und uns zu einer Führung durch den für uns interessanten Teil des Leinawaldes einladen. Diese Einladung nahmen wir dankend an und haben es bis heute nicht bereut. So manche Besonderheit im Gelände, an welcher der entspannte Spaziergänger achtlos vorbeischreitet, entpuppte sich nach dieser Führung als interessanter, teilweise bedeutender Hinweis bzw. Beweis für die reale Vergangenheit.
Welch ein unvorstellbarer Irrsinn vor der eigenen Haustür!
Zum Beispiel sei hier die völlig verspätete Exhumierung sowjetischer Kriegsgefangener des NS-Regimes genannt, nachdem 1996 die Staatsanwaltschaft Gera darüber in Kenntnis gesetzt wurde, dass eben diese Opfer nach wie vor nicht würdevoll bestattet wurden. Dies geschah erst nach Einschalten der Presse im Jahre 2011! Darüber berichtete ein bekanntes deutsches Tageblatt. Noch ein Beispiel gefällig? Wer weiß

heute noch, dass im Leinawald Nuklearwaffen sowjetischer Produktion während der Zeit des Kalten Krieges lagerten?

Doch nun zurück zu der Zeit, die uns beschäftigt. Hilmar ging mit uns ins Kreisarchiv und zeigte uns Lagepläne und Aktenmaterial, welches eindeutige Beweise liefert, dass geheime Aktivitäten im Industriegelände Leina stattgefunden haben. In Anbetracht der Tatsache, dass die wenigen im Kreisarchiv verbliebenen Dokumente Informationen über das betreffende Gelände im fraglichen Zeitraum beinhalten, ist das ganze Ausmaß der Geschichte schwer zu definieren. Es sind nur Unterlagen über das Industriegelände Leina erhalten, nicht aber über den Fliegerhorst Klausa selbst! Hilmar hatte noch das Glück, mit einigen wenigen verbliebenen Zeitzeugen reden zu können. Er berichtete uns von einem ehemaligen Flugzeugpiloten, der ihm im Gelände eine vermeintlich dort befindliche unterirdische Flugzeughalle zeigte. Die von ihm beschriebene Anlage war in so vielen deutlichen Details geschildert worden, dass davon auszugehen ist, es handle sich hierbei nicht um eine Fantasievorstellung. Aussagen wie diese sind kein Einzelfall und ähneln sich sehr stark. Es gibt viele Hinweise, die den Bau unterirdischer Anlagen bekräftigen. So zum Beispiel der Einsatz einer großen Anzahl Kriegsgefangener als Arbeitskräfte aus dem Stammlager IV F (Stalag IV F).

Nach unserer Erkenntnis dürften die unterirdischen Bauwerke hauptsächlich zwei Zielen gedient haben. Der erste Zweck wäre die Errichtung unterirdischer Produktionsstätten für Flugzeugteile bzw. sogar ganze Flugzeuge, wahrscheinlich der Marke Heinkel. Der zweite wahrscheinliche Einsatzzweck, bedingt durch die Wendung des Kriegsgeschehens, diente der Einlagerung von vor den Alliierten zu schützenden Gütern. Die Art der Güter ist umstritten. Spekulationen reichen von Beutekunst über Reichsgold bis hin zu geheimen Reichsakten. Wie gesagt, es handelt sich hierbei um Spekulationen! Es gibt auch Meinungen, die besagen, dass es unterirdische Produktionsstätten für chemische Kampfstoffe gegeben haben soll. Der Wahrheitsgehalt dieser Aussagen kann selbstverständlich nicht vollkommen sichergestellt werden. Doch gilt es zu bedenken, dass jede Aussage eine Ursache haben muss!

In vielen Fällen konnten wir uns inzwischen ein eigenes Bild verschaf-

fen, welche Theorien mit hoher Wahrscheinlichkeit den Tatsachen entsprechen. Ständige Skepsis ist uns hierbei ein wertvoller Wegbegleiter. Unsere Fachkenntnis basiert ausschließlich auf erwiesenen und nachprüfbaren Fakten. Jede Theorie zieht eine akribische, praktische Nachforschungsarbeit nach sich. An dieser Stelle möchten wir erwähnen, dass bislang nicht eine einzige öffentliche Behörde oder Institution ein Interesse bekundet hat, bei der Aufklärung unser aller Vergangenheit mitzuwirken. Stattdessen mussten wir leider mehrfach feststellen, dass eben diese Einrichtungen eher daran interessiert zu sein scheinen, Aufklärungsversuche nicht nur zu behindern, sondern diese gar zu verhindern!

Hier ein Beispiel:

Es existiert ein Schriftstück aus dem Jahr 1965, aus welchem hervorgeht, dass im Leinawald ein Bunker aus der NS-Zeit in 20 Meter Tiefe mit Fliegerbomben vorhanden ist. Daraufhin wurde damals von offizieller Seite aus die Erkundung und Entsorgung geplant. Es beinhaltet eine Aufstellung über munitionsverseuchte Geländeteile und die notwendigen Arbeitsleistungen (10 Arbeitskräfte, 1 Bagger, 1 Jahr Zeit) zur Beräumung des Bunkers. Durch Aussage einer vertrauenswürdigen Kontaktperson in Anstellung einer öffentlichen Behörde erfuhren wir, dass der Bunker nach wie vor nicht beräumt ist und seinen gefährlichen Inhalt bis zum heutigen Tage beherbergt. Daraufhin haben wir die zuständige Behörde informiert und uns wurde mitgeteilt, dass es keinen Bunker gibt! Anscheinend waren die Nazis damals schon ihrer Zeit weit voraus! Sie hatten Biobunker, die mit der Zeit selbst verrotten! Spaß beiseite! Warum wird die Existenz des Bunkers geleugnet? Kostengründe? Politische Gründe? Vom zuständigen Kampfmittelräumdienst wissen wir, dass noch immer ein Bunker aus NS-Zeiten vollgestopft mit Altmunition verschwunden ist und bis zum heutigen Tag gesucht wird.

Jetzt stellt sich die Frage: Wonach sucht der Kampfmittelräumdienst, wenn dieser Bunker doch gar nicht existiert? Laut dem Schreiben vom Thüringer Ministerium für Umwelt, Energie und Naturschutz vom 23.12.2015 existieren keine unterirdischen Hohlräume im Leinawald bei Nobitz, Landkreis Altenburger Land, im Sinne des §2 des Thürin-

ger Gesetzes über die Gewährleistung der öffentlichen Sicherheit und Ordnung in Objekten des Altbergbaus und in unterirdischen Hohlräumen (ThürABbUHG). Nun stellt sich die Frage, aus welchem Grund Mitarbeiter staatlicher Behörden Geländeteile des Leinawaldes observieren? Diese sind mit Fahrzeugen unterwegs, an denen sogenannte „gesperrte Kennzeichen“ angebracht sind. Solche Kennzeichen werden nur bei Fahrzeugen verwendet, die geheim operierenden staatlichen Organisationen angehören. Diese wären beispielsweise das Bundesamt für den militärischen Abschirmdienst (BAMAD), Bundesnachrichtendienst (BND), Bundesamt für Verfassungsschutz (BfV), Bundeskriminalamt (BKA) und der Landesbehörde Thüringen unterstellte Behörden wie zum Beispiel das Landeskriminalamt (LKA).

Man könnte diese Situation vergleichen mit einem Wespennest. Solange man ihm nicht zu nahekommt, passiert einem nichts. Man hört nur das bedrohliche Summen. Doch wehe dem, der sich zu sehr heranwagt! Zitat eines ehemaligen Forstmitarbeiters: „Ich rate Ihnen,

An einer aussichtsreichen Stelle

Herr Kühn, Ihre Nase nicht gar zu weit reinzustecken!" Ein altes deutsches Sprichwort besagt aber: „Überall, wo Autoritäten herrschen, gibt es verbotene Wege, und auf einem dieser Wege liegt gewöhnlich die nächste große Wahrheit."

Ein anderer ehemaliger Forstmitarbeiter, dessen derzeitiger Aufenthaltsort nicht leicht herauszufinden war, lieferte mir jedoch bereitwillig wertvolle sachdienliche Hinweise. Er erzählte mir, wie das damalige Ministerium des Innern (MdI) der Deutschen Demokratischen Republik die Bezirksbehörde der Deutschen Volkspolizei (BdVP) Dresden Schachtarbeiten in der Leinawaldung durchführen ließ. Es handelte sich hierbei um einen Schacht, der durch den damaligen VEB Schachtbau Nordhausen auf eine Tiefe von etwa 20 Metern abgeteuft wurde. Er selber beteuert, dass er nicht unten gewesen sei. Von hier ab wider-

Peter Lohr und Mirko Kühn bei der Bodenradarmessung

sprechen sich die Aussagen der ehemaligen Forstmitarbeiter mit denen des Thüringer Ministeriums für Landwirtschaft, Naturschutz und Umwelt (TMLNU), heute Thüringer Ministerium für Umwelt, Energie und Naturschutz (TMUEN). Dieses behauptete, dass nach dem Öffnen einer Stahltür Gase unbekannter Art austraten. Alle beiden Forstmitarbeiter jedoch widersprachen dieser Behauptung. Zudem ist nicht bekannt, ob die Personen, die einstmals dieses Bauwerk betraten, von irgendwelchen Atemschutzeinrichtungen Gebrauch machten. Im Falle eines Gasaustritts wäre die Verwendung entsprechender Atemschutztechnik unumgänglich gewesen. Darüber berichtete jedoch kein Zeitzeuge.

Bei einem Vorort-Treffen im Leinawald im Jahre 1997 erließ das Thüringer Ministerium für Landwirtschaft, Naturschutz und Umwelt (TMLNU) folgende Festlegung: „Das Forstamt hat bis auf Widerruf

Peter Lohr stellt das Bodenradar ein.

durch das TMLNU keine weiteren Maßnahmen am Standort des Bunkers oder in dessen unmittelbarer Umgebung zu dulden, welche eine Erkundung oder Öffnung des Bunkers bewirken könnten.“ Die Oberfinanzdirektion (OFD) lehnt jegliche Kostenübernahme ab. Die letzten beiden Bemerkungen sind einem Schriftstück von 1997 entnommen, welches seinen Ursprung beim Forstamt selbst hat. Es trägt weder Datum, Unterschrift noch Stempel. Ein offizielles Dokument sieht definitiv anders aus! Aus unserer Sicht ist dieses besagte Schriftstück von 1997 ohne jegliche Gültigkeit. Aus wessen Feder es entsprang, ist nicht nachzuvollziehen. Nachweislich stellte der VEB Schachtbau Nordhausen die notwendige Technik (Bagger) zur Öffnung des unterirdischen Bauwerkes. Jedoch finden sich in den Geschäftsunterlagen dieses Betriebes keinerlei Hinweise auf derartige Aktivitäten im fraglichen Zeit-

Das gesamte Forschungsteam

raum. Offensichtlich unterlag diese Aktion strenger Geheimhaltung. Bekanntermaßen dokumentierte das Ministerium des Innern (MdI) jeden Vorgang äußerst gründlich.
Die Spur zum Verbleib der Akten führt zur Behörde des Bundesbeauftragten für die Unterlagen des Staatssicherheitsdienstes der ehemaligen Deutschen Demokratischen Republik (BStU). Antrag auf Einsicht in die entsprechenden Dokumente beim BStU darf nur der Grundstückseigentümer stellen. In diesem Fall ist dies das Forstamt Weida. Aus diesem Grunde setzten wir uns mit dem Forstamt Weida in Verbindung.
Die Entdeckung im Leinawald zeigten wir der zuständigen Behörde an, in diesem Fall ist das das Landesamt für Denkmalpflege und Archäologie in Weimar. Unsere Anzeige wurde mit dem Schreiben vom 4. Juni 2014 Aktenzeichen: D_Ref_III-5692-BD-ABG/2-6692/2014 bestätigt. Darin wurde uns mitgeteilt, dass sich das Landesamt mit dem

Ein Hufeisen wurde gefunden.

zuständigen Forstamt in Verbindung setzt. Es folgte ein Schreiben vom Forstamt Weida vom 18. August 2014. In diesem informierte man uns, dass am 2. September 2014 ein Treffen im Leinawald stattfinden wird. Zum verabredeten Termin erschienen der stellvertretende Forstamtsleiter sowie ein Mitarbeiter vom Kampfmittelräumdienst. Leider gab sich der Mitarbeiter des Kampfmittelräumdienstes als arroganter und sich herablassend äußernder Zeitgenosse die Ehre. Das Interesse des Forstmitarbeiters galt zunächst nur der Klärung, ob sich das betreffende Areal in der Zuständigkeit des Forstes befindet. Dabei stellte sich heraus, dass die Liegenschaft nicht zum Forst gehört. Es handelt sich hierbei um Firmengelände. Wir wiesen auf eine weitere Stelle im Leinawald hin, wo die Zuständigkeit beim Forstamt liegt. An diesem Standort zeigte sich der Mitarbeiter vom Kampfmittelräumdienst interessierter. Er versprach uns, an dieser Stelle geophysikalische Untersuchungen vorzunehmen und uns über die Ergebnisse zu informieren. Leider erhielten wir bis zum heutigen Tage keine Informationen.
Da uns keine Amtshilfe entgegengebracht wurde, suchten wir uns professionelle Hilfe bei Leuten mit geeigneter Messtechnik. Dabei wurden zwei Messverfahren angewandt. Das erste Messverfahren beruht auf dem Radarprinzip und das zweite auf der Messung von Erdwiderständen. Beide Messverfahren lieferten uns erstaunliche Ergebnisse. An dieser Stelle möchten wir uns nochmals herzlich bei allen Beteiligten bedanken. Die untersuchten Orte wurden von uns nicht willkürlich gewählt. Durch Luftbildaufnahmen aus der NS-Zeit, die wir vom Thüringer Landesamt für Vermessung und Geoinformation gegen Entrichtung einer Gebühr erhielten, konnten wir die entsprechenden Punkte im Gelände präzise definieren. Dabei überraschte uns die ausgezeichnete Qualität der fotografischen Aufnahmen. An dieser Stelle möchten wir noch erwähnen, dass sich eine unscheinbare alte Postkarte als wichtig erweisen sollte. Auf deren Vorderseite zeigte sich die damals schon veraltete Kartographie der Leinawaldung. Das Besondere daran war ein nachträglich eingezeichnetes Kreuz, ähnlich der Markierung auf einer Piratenschatzkarte. Diese Karte war eines der Exponate, welche den interessierten Besuchern in einer Ausstellung zur Flugplatzgeschichte anlässlich der Einweihung des neuen Flughafen-

terminals 1998 präsentiert wurden. Diese Ausstellung wurde damals unter anderem von einer engagierten ABM-Kraft betreut. Sie erzählte uns über einen Besucher, den sie wohl nie vergessen wird. Es handelte sich hierbei um einen alten Herrn, der völlig außer sich verlangte, diese Karte sofort aus der Ausstellung zu entfernen. Einen Grund dafür nannte er nicht. Sein energisches Auftreten veranlasste die eingeschüchterte Mitarbeiterin dazu, seiner Forderung Folge zu leisten. Seit diesem Tage gilt die Karte als verschollen. Auch ist bis heute ungeklärt, wer der seltsame Gast war. Auf jeden Fall ist dieses Kreuz auf der Karte etwas ganz Besonderes. Beim Betrachten der Luftbildaufnahmen fiel uns eine Stelle ganz besonders auf. Es handelt sich hierbei vermutlich um einen in die Tiefe führenden Schacht. Auf diesen wurden wir aufmerksam, da sich direkt daneben ein Flugzeug befindet.
Nun könnte man meinen, das sei normal auf einem Fliegerhorst, aber am Standort dieses Fliegers würde man normalerweise kein Flugzeug erwarten. Deshalb betrachteten wir diese Stelle genauer und ließen auch geophysikalische Untersuchungen vornehmen. Diese stellten sich als positiv heraus. Auf dem Radar zeigten sich eine schachtähnliche Anomalie und eine fünf Meter starke waagerechte Schicht von

Auch mit Wünschelruten wird gearbeitet.

perfekter Geometrie. Die Tiefe liegt bei 17 Metern. Nun raten Sie mal, an welcher Stelle auf der alten Postkarte das Kreuz gemacht wurde! Alte Lagepläne aus dem Kreisarchiv erleichterten uns die Orientierung erheblich, da sich die Gegend in den letzten Jahrzehnten stark verändert hat.

Wertvolle Hinweise lieferte uns auch eine Person, die schon seit Jahrzehnten Nachforschungen über geheime NS-Anlagen betreibt. Diese Person hat sich unter anderem auch intensiv mit dem Thema Leinawald beschäftigt. Bei einem persönlichen Treffen bekamen wir sehr wertvolle sachdienliche Hinweise. Hierfür möchten wir uns an dieser Stelle ebenfalls noch einmal recht herzlich bedanken. Unsere Forschungsarbeit ist noch recht jung und es gibt noch viele Geheimnisse zu lüften. Es ist uns eine Ehre, die begonnenen Arbeiten unserer Vorgänger fortzuführen und somit deren bisherige Leistungen zu würdigen.

Mike Vogler auf dem Findling im Leinawald

THEORIE I:

Der Totentempel der Nazis

Hilmar Prosche, der bereits mehrfach erwähnte Pionier der Leinawald-Forschung, vertritt eine spektakuläre Theorie zur geplanten Verwendung der unterirdischen Anlage. Dabei spielen erstaunlicherweise mehrere Zeichnungen von Albert Speer, Hitlers Lieblingsarchitekt, eine entscheidende Rolle.

Speer fertigte während des Nürnberger Prozesses eine Zeichnung an, die er mit folgender Widmung versah: „Meinem lieben Baumbach. Zur Erinnerung an gemeinsames Wandern. Spielerei mit einer Götterburg. Von Ihrem Albert Speer; den 26.07.1946“. Auf dieser Skizze (Zeichnung 1) ist ein zweigeteilter Berg mit einer Burg zu sehen, an deren Fuße eine Art Berghütte steht. Historiker gingen bisher davon aus, dass sich Speer mit dieser Zeichnung während des Prozesses nur die Zeit vertreiben wollte. Ihrer Ansicht

Zeichnung 1

nach stellt das Bauwerk die geheimnisumwitterte „Alpenfestung“ dar, das vermeintlich letzte Bollwerk der Nationalsozialisten, von wo aus bis zum „Endsieg“ weitergekämpft werden sollte. In Verbindung mit den prophezeiten Wunderwaffen, welche noch die Wende im bereits verlorenen Krieg bringen sollten, war die mythische Alpenfestung dazu gedacht, den Durchhaltewillen der deutschen Soldaten und Zivilisten zu stärken. Ende 1944 hatte die nationalsozialistische Propaganda die Existenz der vermeintlichen Alpenfestung öffentlich verkünden lassen. Abgesehen von dem mysteriösen Inhalt der Zeichnung stellt sich unweigerlich die Frage, warum sich Albert Speer in dem Prozess, in dem es für ihn um Leben oder Tod ging, die Zeit mit einer Zeichnung für einen alten Freund vertrieb. Die Grafik muss mehr Informationen beinhalten, als es auf den ersten Blick der Fall zu sein scheint.
Dass die Zeichnung von Speer dem Luftwaffenoberst Werner Baumbach gewidmet war, stellt für Hilmar Prosche ein wichtiges Indiz dar. Baumbach, Kommandeur des Kampfgeschwaders 200, einem für geheime und hochspezialisierte Sondereinsätze ausgebildeten Verband der deutschen Luftwaffe, hatte des Öfteren dienstlich auf dem Flugplatz in Nobitz zu tun. Wollte Speer mit seiner Zeichnung und der Widmung möglicherweise späteren Generationen einen Hinweis auf eine Verbindung zwischen dem Flugplatz und einem geheimnisvollen Bauwerk in dessen Nähe geben?
Prosche sieht in Speers Zeichnung Hinweise auf die vermeintliche unterirdische Anlage im Leinawald. Für ihn stellt der Berg den Pfennigberg dar, mit 215 Metern über dem Meeresspiegel die höchste Erhebung im Leinawald. Da die burgähnliche Anlage auf der Zeichnung keine Dächer hat, zieht Prosche daraus den Schluss, dass es sich dabei um ein unterirdisches Bauwerk handeln muss. Die fünf Stockwerke der Burg deuten möglicherweise darauf hin, dass sich die unterirdische Anlage in fünf einzelne Bereiche gliedert. Auch die gezeichnete Berghütte hält Prosche für einen Beweis, da es in der Nähe des Pfennigberges ein Wochenendhaus für Luftwaffenoffiziere vom Fliegerhorst in Nobitz gab. In diesem Haus war ein ständiger Wachposten eingerichtet. Prosche vermutet an dieser Stelle deshalb den rund um die Uhr bewachten Eingang zum Bunkersystem.

Es gibt noch einen weiteren Hinweis, dass die von Prosche als Eingang zur unterirdischen Anlage definierte Stelle tatsächlich von Bedeutung war. Es handelt sich dabei um eine Postkarte vom Leinawald aus dem Jahr 1918, in welche nachträglich an der von Prosche lokalisierten Stelle ein Kreuz eingezeichnet wurde. Im Rahmen einer Ausstellung zur Flugplatzgeschichte anlässlich der Einweihung des neuen Flughafenterminals im Jahr 1998 wurde unter anderem auch eben jene Postkarte ausgestellt. Schon kurz nachdem sich die Türen des Museums geöffnet hatten, erschien ein älterer Herr, der lautstark die Entfernung der Postkarte aus der Ausstellung forderte. Einen triftigen Grund nannte er nicht, war aber nicht zu beruhigen, so dass die Museumsmitarbeiter schließlich seinem Wunsch nachkamen. In dem entstandenen Durcheinander muss der Mann die Postkarte an sich genommen haben, da diese seit jenem Tag verschwunden ist. Glücklicherweise wurden im Vorfeld der Ausstellung Fotokopien von ihr gemacht. Interessant ist die Tatsache, dass sich das eingezeichnete Kreuz ziemlich genau an der Stelle des ehemaligen Wochenendhauses befindet, wo Hilmar Prosche den Eingang vermutet.

Auf weiteren Zeichnungen, die während der Haftzeit von Albert Speer entstanden, will Prosche noch weitere Hinweise auf die Lage der unterirdischen Anlage entdeckt haben. Auf Zeichnung 2 kehrt das Motiv der vermeintlichen „Alpenfestung" zurück, die er wiederum für den

Zeichnung 2

Hinweis auf ein unterirdisches Bauwerk hält. Im Bild ist ein großer Findling zu sehen, der durch seine dreieckige Form mit der Spitze in Richtung Alpenfestung/unterirdisches Bauwerk weist. Weiterhin sind im Bereich des Findlings Zelte und Personen zu sehen, die möglicherweise als Bautrupp der „Organisation Todt" zu deuten sind.
Anzumerken sei an dieser Stelle, dass der Heimatforscher Mirko Kühn der Ansicht ist, dass es sich bei der dargestellten Personengruppe um Priester handelt, mit denen Albert Speer auf die unterirdische Anlage aufmerksam machen wollte. Die bewusste Aufnahme dieser herausgehobenen Personengruppe in seine Grafik sollte die Wichtigkeit des Bauwerkes verdeutlichen. Es liegt nun am geneigten Leser, sich selbst eine Meinung zu bilden.

Findling und möglicher Bautrupp finden sich auch auf Zeichnung 3 wieder, wobei im Hintergrund noch die charakteristischen Zeichen zweier nebeneinanderliegender Ortschaften mit Kirchturmspitzen und Hausdächern zu erkennen sind. Der richtungsweisende Stein

Zeichnung 3

deutet an, dass sich das Zentrum der unterirdischen Anlage zwischen Findling und Ortschaft befindet.
Prosche hat im Leinawald tatsächlich solch einen dreieckigen Findling entdeckt, dessen Spitze in Richtung der Ortschaften Neuenmörbitz und Langenleuba-Niederhain weist, die tatsächlich die von Speer gezeichneten charakteristischen Bauwerke besitzen. Speziell die Kirchturmspitze von Neuenmörbitz ist unverkennbar. Zwischen dem Findling und der Ortschaft liegt der Pfennigberg, unter dem Prosche das Zentrum des unterirdischen Bauwerks vermutet. Hilmar Prosche ist davon überzeugt, sollten sich die Hinweise von Albert Speer tatsächlich auf eine unterirdische Anlage im Leinawald beziehen, dass es sich dabei nicht um eine gewöhnliche Bunkeranlage handelt. Es muss ein bedeutenderes Bauwerk gewesen sein, das Hitlers oberster Architekt bauen ließ. Prosche vertritt die Ansicht, dass Albert Speer die Baupläne für die sogenannte „Große Halle" in der zukünftigen Welthauptstadt Germania nutzte, um tief unter dem Leinawald ein gigantisches Grabmal für die führenden Köpfe des „Tausendjährigen Reiches" zu errichten. Geografisch im Herzen von Deutschland gelegen, sollte der „Totentempel" in der Zukunft zu einer Wallfahrtsstätte der Deutschen werden.
Das unterirdische Grabmal wurde möglicherweise von der „OT" mit Hilfe von russischen Kriegsgefangenen gebaut. Nachweislich befand sich ganz in der Nähe von Nobitz für einen längeren Zeitraum ein Stützpunkt der Organisation Todt. Die Arbeitsbedingungen für die russischen Kriegsgefangenen waren unmenschlich, viele fanden dabei den Tod. Nach Fertigstellung der unterirdischen Anlage wurden die restlichen Überlebenden erschossen und im Leinawald in Massengräbern verscharrt.
Sicherlich erscheint die Theorie von Hilmar Prosche zunächst recht unwahrscheinlich, vielleicht sogar abstrakt. Es sollte aber nicht vergessen werden, was die Nationalsozialisten für weitreichende bautechnische Pläne hatten. Hier sei nur an die geplante Welthauptstadt Germania und das SS-Schulungszentrum Wewelsburg gedacht. Die Idee, dass Albert Speer in Thüringen eine großangelegte Gruft für die Führungsriege des Dritten Reiches bauen ließ, ist vor diesem Hintergrund folglich durchaus interessant.

THEORIE II:

Das Schatzversteck des Dritten Reiches

Eine der am meisten geäußerten Theorien über die unterirdische Anlage im Leinawald ist die Ansicht, dass die Nationalsozialisten kurz vor Ende des Krieges dort Gold, Kunstschätze und andere wertvolle Güter versteckt haben.

Thomas Kuschel geht noch weiter und behauptet, das legendäre Bernsteinzimmer befände sich unter dem Leinawald. Dazu schreibt er in seinem Buch „Bernsteinzimmer – Das letzte Kapitel im Leinawald“ enthusiastisch: „Wir suchen nicht mehr! Wir haben es!“

Was macht diesen Mann so sicher, den Aufbewahrungsort des bis heute verschollenen Kunstschatzes zu kennen?

Kuschel hörte im November 2005 das erste Mal vom Geheimnis im Leinawald. Bei einer Familienfeier erzählte ihm eine gute Bekannte eine bemerkenswerte Geschichte, die sie von einem Cousin aus Altenberg gehört hatte. In ihr ging es um eine unentdeckte Bunkeranlage in einem Waldstück, nicht weit von Altenburg entfernt. Darin sollten sich unermessliche Schätze befinden, welche die Nazis kurz vor Kriegsende dort versteckt hätten. Sogar das Bernsteinzimmer befände sich dort, behauptete jener Cousin.

Kuschels Interesse war geweckt. Noch am selben Tag wurde der Cousin angerufen und ein Treffen vereinbart. Was dieser zu erzählen hatte, schien schier unglaublich. Es waren nicht nur Gerüchte, nein, vielmehr kannte der Mann auch diverse Enthusiasten, die seit Jahren den Leinawald bei Nobitz auf der Suche nach der unterirdischen Anlage durchkämmten. Einer davon war der uns wohlbekannte Hilmar Prosche, mit dem Thomas Kuschel zeitweilig zusammenarbeitete.

Kuschel wollte sich zunächst einen theoretischen Überblick verschaffen, ob überhaupt die Möglichkeit bestünde, dass sich das Bernsteinzimmer tatsächlich in Thüringen befand. Nach Einsicht der erhältlichen Quellen stellte er eine mögliche Route auf, die das Bern-

steinzimmer von Königsberg bis in den Leinawald gebracht haben könnte. Weiter geht er davon aus, dass der bereits erwähnte SS-Standartenführer Schimmelmann das Bernsteinzimmer mittels Lkw von Königsberg nach Stettin transportierte. Der Transport startete am 25. Januar 1945. Zu diesem Zeitpunkt lag die Front kurz vor Königsberg. Die Reichstraße 1 in Richtung Stettin, die die Lastwagen benutzten, war bereits Kampfgebiet. Schimmelmann und seine Männer nahmen daher den sogenannten Haff-Notweg, eine schlecht ausgebaute Parallelstraße zur Reichstraße 1, die nahe am Frischen Haff nach Elbing führte und nachts noch halbwegs sicher war. Von Elbing aus fuhr der Tross dann weiter bis nach Stettin, dieses Mal auf der viel besser ausgebauten Reichstraße 1. Dort verluden die SS-Männer die 45 Kisten mit dem Bernsteinzimmer anschließend in einen Eisenbahntransport, der nach Potsdam fuhr und dort am 5. Februar 1945 ankam. Wie schon bekannt, wurde in Potsdam ein Transport mit den Särgen von Reichspräsident Hindenburg und seiner Frau, den Preußenkönigen Friedrich Wilhelm I. und Friedrich II., Teilen der Privatsammlung von Gauleiter Koch und eben dem Bernsteinzimmer zusammengestellt. Dieser Transport fuhr in Richtung Weimar, wo er am 9. Februar 1945 auf dem Bahnhof des Konzentrationslagers Buchenwald aufgeteilt wurde. Die Kisten mit dem Bernsteinzimmer wurden erneut auf Kraftfahrzeuge verladen und zunächst zur Einlagerung ins Landesmuseum Weimar gebracht. Kuschel konnte in Erfahrung bringen, dass allerdings nur ein Teil des Bernsteinzimmers in Weimar blieb. Der größere Teil wurde gar nicht erst entladen, sondern auf eine abenteuerliche Reise durch Thüringen geschickt. Ab diesem Zeitpunkt wurde auch nicht mehr der SS-Standartenführer Schimmelmann, sondern vielmehr der uns ebenfalls schon bekannte Georg Wyst als Transportführer erwähnt.

Der komplizierte Weg, den der Transport nahm, sollte wohl den zukünftigen Aufbewahrungsort des Bernsteinzimmers verschleiern. Kuschel konnte die Route von Weimar über Bad Sulza, Eisenberg, Zeitz bis nach Pölzig verfolgen, wo sich seine Spur allerdings verliert. Immerhin gibt es die Aussage eines Bauern aus Pölzig, der bezeugt, dass in bewusstem Zeitraum eine Gruppe SS-Leute mit mehreren Lkw die

Nacht auf seinem Gehöft verbrachte und am Morgen in Richtung Altenburg verlegte. Da Thomas Kuschel von der Existenz der unterirdischen Anlage im Leinawald überzeugt ist, geht er davon aus, dass der Transport von Pölzig direkt nach Nobitz fuhr und das Bernsteinzimmer dort versteckt wurde.

Nachdem die Umstände der Verbringung des Bernsteinzimmers von Königsberg nach Nobitz geklärt zu sein schienen, begann Kuschel mit der systematischen Suche nach dem genauen Ort der Einlagerung im Leinawald. Er sprach mit Zeitzeugen, sichtete Unterlagen in Staats-, Landes- und Regionalarchiven und wertete mit Hilfe des Landesamtes für Vermessung und Geoinformationen erhalten gebliebene Luftaufnahmen der Alliierten aus. Schließlich konnte Kuschel einen Geländeabschnitt im Leinawald lokalisieren, der für eine intensivere Untersuchung lohnenswert schien.

Am 3. April 2006 führte er mit Hilfe eines Ingenieurbüros aus Dresden erste geoelektrische Messungen durch. Die Messungen waren umfangreich geplant und dauerten volle zwei Tage. Die Messtechniker schienen über die gewonnenen Ergebnisse vorsichtig optimistisch, vertrösteten Kuschel jedoch auf die genaue Auswertung der Messungen, welche einige Tage dauern würden. Fünf Tage später erhielt Kuschel ein dickes DIN-A4-Kuvert, das er mit zitternden Händen öffnete.

Im darin enthaltenen Gutachten hieß es unter anderem: „Unter Berücksichtigung der Vorkenntnisse zur Geologie im Untersuchungsgebiet und den zu erwartenden Schichtverhältnissen ist bei beiden Messprofilen eine Struktur erkennbar, die nicht unmittelbar natürlichen Untergrundverhältnissen zugeordnet werden kann und auf das Vorhandensein einer nichtgeologischen Struktur schließen lässt. […] Die Messergebnisse weisen nach gutachterlicher Erfahrung auf die Existenz eines nichtgeologischen, künstlichen Objekts im Untergrund hin. Es wird empfohlen, zur weiteren Erkundung eine Suchbohrung zum direkten stofflichen Nachweis des lokalisierten Objektes abzuteufen."[18]

Aus den Unterlagen ging weiterhin hervor, dass das lokalisierte Objekt eine Ausdehnung von 150 mal 70 Metern hatte. Zudem befand es sich an einer ganz anderen Stelle als dort, wo seinerzeit das MfS und Norman Scott gesucht hatten.

So gerüstet beantragte Thomas Kuschel beim zuständigen Forstamt Weida schriftlich eine Probebohrung.

Nur wenige Tage später erhielt er eine ablehnende Antwort mit folgendem Inhalt: „Aufgrund der Munitionsbelastung ist bei Bohrungen jeglicher Art von einem erhöhten Sicherheitsrisiko auszugehen. Deshalb erteilt Ihnen das Thüringer Forstamt Weida als Vertreter des Grundstückeigentümers (Freistaat Thüringen-Forstverwaltung) keine Erlaubnis zur Durchführung einer Senkrechtbohrung im Bereich des Leinawaldes."[19]

Kuschel wandte sich daraufhin mit seinem Anliegen an das Thüringische Ministerium für Landwirtschaft, Naturschutz und Umwelt. Er verwies in seinem Schreiben auf einen möglichen historischen Erkenntnisgewinn und erwähnte, dass im Leinawald möglicherweise verschollene Kunstgüter aus dem Dritten Reich zu finden seien. Im Ministerium wurde man daraufhin hellhörig und lud Kuschel zu einem Anhörungstermin am 5. Oktober 2006 ein. Während dieser Anhörung, bei der neben einem Vertreter der Behörde auch der Leiter eines für militärische Altlasten und Kampfmittelräumung spezialisierten Ingenieurbüros aus Weimar anwesend war, wurde die Thematik ausgiebig diskutiert. Am Ende der Unterhaltung stellte der Vertreter des Ministeriums eine mögliche Bohrung in Aussicht, allerdings unter strenger staatlicher Aufsicht.

Zu Kuschels Verwunderung kam jedoch am 11. Oktober 2006 erneut ein ablehnendes Schreiben. Darin hieß es: „[…] die von Ihnen beantragte und vom zuständigen Thüringer Forstamt Weida versagte Erkundigungsgenehmigung kann auf Grund wichtiger Umstände nicht erteilt werden. Neben der im Untersuchungsgebiet gegebenen diffusen Kampfmittelbelastung sind unbedingt Befindlichkeiten des Bundes zu beachten. Sollten im Rahmen von Erkundungstätigkeit – durch wen auch immer – Baulichkeiten aus der Zeit vor 1945 bekannt werden, so ist die Zuständigkeit des Bundes gegeben. Daher rechne ich mit Ihrem Verständnis, dass ohne Erklärung des Bundes keine Genehmigung des Erkundungsvorhabens durch den Grundstückseigentümer erfolgen kann."[20]

Kuschel ließ nicht locker und rief im Bundesinnenministerium an. Doch dort wurde ihm lapidar erklärt, man wäre erst zuständig, wenn

die vermutete Anlage geöffnet sei und dann auch nur, wenn geklärt wäre, ob die ehemalige Nutzung in den Zuständigkeitsbereich des Bundesinnenministeriums fiele.

Die Nachbildung des Bernsteinzimmers im Katharinenpalast bei Sankt Petersburg.

Fassen wir zusammen:
Das Thüringer Ministerium lehnt eine Bohrung und mögliche Öffnung der unterirdischen Anlage im Leinawald ab und schiebt die Angelegenheit dem Bundesinnenministerium zu. Dieses sieht sich erst nach Öffnung der Anlage zuständig. Dieses ist aber laut Thüringer Ministerium wegen der Kampfmittelbelastung nicht möglich. Hier beißt sich die Katze doch sprichwörtlich in den Schwanz. Es ist augenscheinlich, dass die Behörden keinerlei Interesse an der Anlage im Leinawald haben und die ganze Sache totgeschwiegen werden soll.
Obwohl ihm eine aktive Suche zunächst verweigert blieb, forschte Kuschel im Bundesarchiv, im Archiv des Landratsamtes Altenburg und im Thüringer Staatsarchiv Altenburg nach weiteren Hinweisen über die Anlage im Leinawald. Seit 2012 hat Kuschel prominente Unterstützung, darunter den Nobitzer Bürgermeister Hendrik Läbe. Gemeinsam wurden weitere geoelektrische Messungen durchgeführt, welche die bisherigen Ergebnisse bestätigten.
Es bleibt spannend im Leinawald!

Literatur- und Quellenverzeichnis

Verlag und Jahr beziehen sich auf die jeweils vom Autor verwendete Ausgabe; soweit bekannt, steht das Erscheinungsjahr der Originalausgabe in Klammern

LITERATUR

De Jaeger, Charles: *„Das Führer Museum", Bechtle Verlag, 1988 (1981)*

Enke, Paul: *„Bernsteinzimmer-Report", Verlag Die Wirtschaft, 1986*

Haustein, Heinz-Peter/Dr. Pach, Siegfried/Riedel, Lothar/Schönherr, Bernd: *„Das Bernsteinzimmer im Fortunastollen zu Deutschneudorf?", Druck und Verlagsgesellschaft Marienberg mbH, 2003 (2002)*

Karzowitsch, Erni: *„Die Brücke", Leykam Verlag, 1988*

Kuhn, Nicola: *„Hitlers Kunsthändler", Verlag C.H. Beck, 2016*

Kuschel, Thomas: *„Bernsteinzimmer: Das letzte Kapitel im Leinawald", E. Reinhold Verlag, 2012*

Nicholas, Lynn H.: *„Der Raub der Europa", Kinder Verlag, 1995 (1994)*

Reimann, Dietmar B.: *„Bernsteinzimmer-Komplott", Verlag Bock & Kübler, 1997*

Remy, Maurice Philip: *„Mythos Bernsteinzimmer", List Verlag, 2003*

Schwarz, Birgit: *„Auf Befehl des Führers", Theiss Verlag, 2014*

Speer, Albert: *„Spandauer Tagebücher", Verlag Ullstein, 1978 (1975)*

Ulbricht, Mario: *„Rätselhafter Poppenwald", Chemnitzer Verlag, 2011*

Wermusch, Günther: *„Die Bernsteinzimmer-Saga", Christoph Links Verlag, 1991*

ARTIKEL

Heitkamp, Sven: *„Der ewige Jäger der Nazi-Schätze“, Die Welt, 2008*

Janßen, Karl-Heinz: *„Großfahndung nach dem Bernsteinzimmer“, Die Zeit, 1984*

Reimer, Nick: *„Die Stasi und das Bernsteinzimmer“, Berliner Zeitung, 1995*

Volkmann-Schluck, Philip: *„Ein Dorf und die Sehnsucht nach dem Nazischatz“, Die Welt, 2008*

Wiedemann, Erich: *„Das Bernsteinzimmer und die Stasi“, Spiegel, 2000*

Wingert, Nico: *„Die Akte Puschkin“, Berliner Kurier, 2010*

INTERNET

http://stjgfb.blogspot.de/2012/05/paul-enke-genosse-bernsteinzimmer.html (Zugriff im Oktober 2017)

https://www.leinawald-doku.de (Zugriff im Januar 2018)

http://www.grabkammer-leinawald.de/index.html (Zugriff im März 2018)

http://www.flugwelt-altenburg-nobitz.de/clickandbuilds/Joomla/Flugwelt/index.php/historie.html (Zugriff im Januar 2018)

http://www.flughafen-altenburg.de/flugplatz/geschichte (Zugriff im Januar 2018)

ZEICHNUNGEN

Zeichnung 1: *Der Spiegel 40/1966; Zeichnung entstand während des Nürnberger Prozesses*

Zeichnung 2/3: *Speer, Albert „Spandauer Tagebücher“; Zeichnungen entstanden während der Haftzeit von Albert Speer*

Endnoten

1 Zitat übernommen aus Birgit Schwarz „Auf Befehl des Führers“

2 Zitat übernommen aus Birgit Schwarz „Auf Befehl des Führers“

3 Zitat übernommen aus Birgit Schwarz „Auf Befehl des Führers“

4 Zitat übernommen aus Birgit Schwarz „Auf Befehl des Führers“

5 Zitat übernommen aus Meike Hoffmann/Nicola Kuhn „Hitlers Kunsthändler“

6 Zitat übernommen aus Meike Hoffmann/Nicola Kuhn „Hitlers Kunsthändler“

7 Zitat übernommen aus Meike Hoffmann/Nicola Kuhn „Hitlers Kunsthändler“

8 Zitat übernommen aus Meike Hoffmann/Nicola Kuhn „Hitlers Kunsthändler“

9 Zitat übernommen aus Günter Wermusch „Die Bernsteinzimmer-Saga“

10 Zitate übernommen aus Günter Wermusch „Die Bernsteinzimmer-Saga“

11 Zitat übernommen aus Haustein/Pach/Riedel/Schönherr „Das Bernsteinzimmer im Fortunastollen zu Deutschneudorf?“

12 Zitat entnommen aus Haustein/Pach/Riedel/Schönherr „Das Bernsteinzimmer im Fortunastollen zu Deutschneudorf?“

13 Zitat übernommen aus Thomas Kuschel „Bernsteinzimmer - Das letzte Kapitel im Leinawald“

14 Zitat übernommen aus Thomas Kuschel „Bernsteinzimmer - Das letzte Kapitel im Leinawald“

15 Zitat übernommen von der Webseite Mirko Kühn „www.leinawald-doku.de“

16 Zitat übernommen aus Thomas Kuschel „Bernsteinzimmer - Das letzte Kapitel im Leinawald“

17 Zitat übernommen aus Thomas Kuschel „Bernsteinzimmer - Das letzte Kapitel im Leinawald“

18 Zitat übernommen aus Thomas Kuschel „Bernsteinzimmer - Das letzte Kapitel im Leinawald“

19 Zitat übernommen aus Thomas Kuschel „Bernsteinzimmer - Das letzte Kapitel im Leinawald“

20 Zitat übernommen aus Thomas Kuschel „Bernsteinzimmer - Das letzte Kapitel im Leinawald“

Bildnachweis

© Mike Vogler
außer:
Seite 5: jeanyfan
Seite 6: Fotolia: hjschneider
Seite 13: BARCH Bild 146-1994-006-28A
Seite 25: Stadtarchiv Düsseldorf, Sign. 5_8_0_025_100_049
Seite 42: Courtesy Special Collections, UC Santa Cruz
Seite 46: BARCH Bild 146-1994-006-28A
Seite 135: jeanyfan

„Legenden“ von Mike Vogler Teil 1

Mike Vogler
Düstere Legenden
Softcover, 264 Seiten,
Format 15 x 21 cm,
ISBN 978-3-945152-93-5
14,99 €

Ob es die Blutbäder der Blutgräfin Elisabeth Báthory sind, Rasputins teuflische Ausschweifungen oder die nächtlichen Umgänge der Vampirprinzessin von Krumau: In einer einzigartigen Geschichtensammlung präsentiert der Autor noch nie erzählte Legenden und neue Einblicke in bekannte Sagen.
Grauenerregende Geschehnisse, verschwundene Dörfer, düstere Machenschaften, faszinierende Einblicke in die historischen Hintergründe und schauerliche Sagen – das und viel mehr lädt zum wohliggruselnden Weiterlesen ein.

„Legenden“ von Mike Vogler Teil 2

Mike Vogler
Legenden des Grauens
Softcover, 252 Seiten,
Format 15 x 21 cm,
ISBN: 978-3-96058-992-1
14,99 €

Wer war die geheimnisvolle Dunkelgräfin? Hat Till Eulenspiegel wirklich gelebt und gab es einen deutschen Robin Hood? Diesen und weiteren Fragen rund um die unbekannteren Aspekte bekannter Sagen geht Mike Vogler in diesem Buch nach. Dabei gibt er Einblicke in vergessene und unheimliche Geschehnisse aus den Geschichtsbüchern Europas: vom Untergang der Insel Rungholt bis zum mysteriösen Fall des bis heute unerklärlichen Unglücks am Djatlow-Pass. Der Autor stützt sich bei seinen Erzählungen auf fundierte Erkenntnisse aus historischen Quellen, die sowohl den geschichtsinteressierten Leser als auch den Liebhaber des Düsteren und Geheimnisvollen faszinieren werden.

Weitere Highlights aus dem Brandenburgischen Verlagshaus:

Rolf-Günter Hauk
Kernfusion und Kernwaffenentwicklung: Fusionsforschung in Deutschland bis 1945
Hardcover, 88 Seiten,
Format: 19 x 27,5 cm
ISBN: 978-3-96058-254-0
19,99 €

Wie weit war die Entwicklung der Fusionsforschung im Deutschen Reich bis 1945 vorangeschritten? Dipl.-Ing. Rolf-Günter Hauk beschreibt die deutsche Forschung zur Entwicklung einer Fusionswaffe zur Zeit des Dritten Reichs, deren Einfluss schließlich in der auf dem Truppenübungsplatz in Ohrdruf gezündeten Kernwaffe seinen Höhepunkt fand. In akribischer Rekonstruktion wird nachgewiesen, dass es sich bei der zur Explosion gebrachten Bombe um die weltweit erste fusionsverstärkte Kernspaltungsbombe handelte.

Weitere Highlights aus dem Brandenburgischen Verlagshaus:

Christel Focken,
Rolf-Günter Hauk
Atombombe –
Made in Germany
Hardcover, 104 Seiten,
Format: 19 x 27,5 cm
ISBN: 978-3-96058-991-4
19,99 €

Gab es Forschungen zu einer „deutschen Atombombe"?
Nachdem jahrzehntelang die Auffassung vertreten wurde, dass deutsche Wissenschaftler bis zum Ende des Krieges eine Atombombe gar nicht erst hätten konstruieren können, vertreten zuletzt immer mehr Autoren eine gegenteilige Darstellung.
Nun haben Dipl-Ing. Rolf-Günter Hauk und Historikerin Christel Focken jüngst erstellte Georadarbilder gründlich analysiert, welche eindeutig auf den Einsatz unkonventioneller Bomben im Gebiet des Jonastals hindeuten.
Grund genug, sich erneut auf Spurensuche zu begeben, zeitgenössische Berichte unter neuen Gesichtspunkten zu deuten und erstaunliche Schlussfolgerungen ans Tageslicht zu fördern.